멘토링 활동 촉진기술

인간관계 활성화 대안

멘토링 활동 촉진기술

류재석 지음

이담 Books

　이 책은 멘토링 활동에서 성공률을 높이기 위하여 멘토와 멘제가 상호 간 신뢰와 존경하는 마음으로 관계를 돈독히 하고 한마음 공동체를 구축하기 위한 기술 개발을 소개하는 것을 집필목적으로 삼았다.

　이 책의 내용으로는 먼저 멘토링 기술의 기본이 되는 소통기술과 상대방을 배려하는 칭찬기술을 다루었고 다음은 한 단계 높은 전문기술로 감성기술과 창의기술, 열정기술을 다루었다. 마지막으로 멘토링 현장 활동을 촉진하여 성공률을 높여 주는 기술로 미팅에 필요한 3가지 기술인 대화기술, 관계기술, 미팅기술을 실었다.

서 문

1. 멘토링 인간기술

1) 인간기술 의미

멘토링의 인간기술은 진정한 인간스타에 초점을 맞췄다. 그러나 오늘날 우리 사회의 심각한 문제점은 된 사람과 든 사람을 건너뛰고 누구나 난사람만, 즉 전문가로서 자리를 굳혀 인간성 상실과 윤리 리더십의 상실로 심각한 후유증을 앓고 있는 현실이다. 멘토링 프로그램은 기술스타 그리고 인성스타로 전인적인 균형 인간스타로서의 인재개발에 기준을 두고 있다.

2) 인간기술 사례: 김연아/브라이언 오서 멘토

멘토링 활동에서 김연아 선수와 첫 대면했던 브라이언 오서 코치가 한 말은 "연아야 웃어라"였다. 강하고 독하게 몰아붙이는 연습 상황에서 웃는다는 것은 큰 부담이 될 수 있는 것이다. 그러나 김연아는 웃으라는 감성기술 부문의 조언을 받아들임으로써 웃으면서 마음이 밝아지고 타인을 배려하는 마음도 생기고 한마디로 여유 있는 선수로 자신이 변했음을 고백하였다.

1) 피겨기술로 스타가 되고
2) 감성기술도 스타가 되어

김연아는 진정한 전인적인 인간 스타가 되어 벤쿠버 올림픽에서 대망의 금메달 선수가 된 것이다.

인격	구분	세부 영향력 평가 사례
지	기술역량 개발	트리플 토루프/러츠를 구사하여 무결점 신기록으로 금메달 땄다.
정	감성역량 개발	웃음의 향기와 음악사랑으로 기술+예술역량을 개발해 주었다.
의	의지역량 개발	자신의 올림픽에서의 두 번 실수 경험으로 금번 성공을 이끌어 냈다.

*김연아를 위한 브라이언 오서 멘토의 영향력 평가

3) 인간기술 테마

이 책에서는 아래 인간 5가지 핵심기술을 개발하여 인격 프로그램의 감성부문을 보완하는 자료로 활용할 수 있도록 했다.

① 소통기술 개발

② 칭찬기술 개발

③ 감성기술 개발

④ 창의기술 개발

⑤ 열정기술 개발

2. 멘토의 학습

금번 멘토링 활동기술은 멘토와 멘제가 활동에서 성공률을 높여 주는 감성중심의 학습 지침서다. 멘토링은 전인교육 방법이다. 아니 교육이라기보다는 둘이서 삶을 나누는 것이 정답이다. 멘토링에서는 교육자나 경영자나 목회자이기 이전에 먼저 인격자로서 성숙을 원하는 것이다.

특히 이 책에서 주어지는 인간개발 5가지 핵심기술로 칭찬, 관계, 감성, 창의, 열정 기술은 멘토링이나 인재개발 현장에서 체계적으로 진단하는 학습방법으로서 적용 시에 멘제가 학습에 몰두하여 자율학습으로 진행토록 배려했다.

참고로 최초 멘토(Mentor)가 텔레마쿠스 왕자를 위해 기술이나 지식에 편중된 것이 아닌 감성 위주의 인격을 주제로 한 특이한 1:1 Tutorial 상담학습 방법을 벤치마킹 차원에서 아래와 같이 열거한다.

[최초 멘토의 감성학습 방식]

NO	방식	내용
1	대화식	멘토는 왕자와 대화식으로 교육을 하였다.
2	토론식	멘토는 왕자와 열렬한 토론을 벌였다.
3	문답식	멘토는 질문하고 왕자는 대답하였다.
4	동료식	멘토는 왕자와 동료처럼 거리를 좁혔다.
5	예화식	멘토는 왕자에게 사물을 예로 들어 설명했다.
6	정서식	멘토는 왕자에게 아버지처럼 정답게 지냈다.

Mentoring Tutorial System은 오늘날 1:1 상담학습이 가능한 교육 부분에 아름다운 사례를 갖고 있다. 교수와 학생 관계에서, 초중고교 선생님과 학생 관계에서 감동적인 사례가 매스컴이나 잡지에 실리기도 하여 많은 사람에게 감동을 주기도 한다.

왜냐하면 학교의 평준화 교육이나 기업의 집단 교육에서는 이러한 사례가 제도적으로 발생할 확률이 희박하기 때문이다.

인격 시리즈 4권의 단행본 소개

멘토링 인격프로그램은 2000년부터 교육 및 컨설팅 과정에서 핵심내용으로 적용되어 왔다. 금번 그동안 10년에 걸쳐 인격에 관한 강의 자료를 종합하여 4권의 신간에 그 내용을 담아 출간하였다.

이 인격 시리즈 4권은 내부적으로는 먼저 멘토 개발 및 인재 개발 교재용으로 활용될 것이고 외부적으로 오늘날 사회 조직마다 상실된 인간성을 회복하고 지도자들이 윤리 리더십을 회복하는 자정 프로그램으로, 그리고 국가적인 차원에서는 선진국 문턱을 넘는 국격을 높이는 인간 벨트(Human Belt) 구축에 핵심 프로그램으로 활용될 것이다.

권수	도서 제목 및 내용
인격 1권 Book 1. 본질 편(Essence)	멘토링 인격 오디세이
	제1부 21세기 멘토링의 중요성 제2부 멘토링 인격 오디세이 제3부 멘토링 인격 사례모델
인격 2권 Book 2. 가치 편(Worth)	멘토링 인간가치 경영
	제1부 멘토링 인간 중심 경영 제2부 멘토링 인간가치 개발 프로그램 제3부 멘토링 인간가치 개발 명상록
인격 3권 Book 3. 기술 편(Skill)	멘토링 활동 촉진기술
	제1부 멘토링 소통기술 개발 제2부 멘토링 감성기술 개발 제3부 멘토링 미팅기술 개발
인격 4권 Book 4. 생애 편(Life)	멘토링 생애진단도구
	제1부 멘토링 행동지침 12 제2부 멘토링 생애진단도구 제3부 멘토링 생애개발계획

내용 소개(Contents)

제1부 멘토링 소통기술(Skill) 개발

제1부에서는 제1부에서는 멘토링 기술의 기본이 되는 소통기술과 상대방을 배려하는 칭찬기술을 다루었다. 인류 역사와 함께한 소통은 원활하면 형통(亨通)이, 그렇지 못하면 고통(苦痛)의 삶이 되었다. 특히 멘토링은 1:1대면 소통 방법으로 인간성, 기술성 그리고 윤리성을 강조한다. 여기에 시대별로 소통기술, 소통단계, 소통 주제별로 소통리더십의 달인 Big3를 소개한다. 오늘날 사회 각 조직의 리더들에게 벤치마킹 자료로 활용을 기대한다.

1장 멘토링 소통기술 개발

2장 멘토링 칭찬기술 개발

제2부 멘토링 감성기술(Skill) 개발

제2부에서는 한단계 높은 전문 기술로 감성기술과, 창의 기술과 열정기술을 다루었다. 참고로 잠재능력은 거의 무한대해서 보통사람은 5%, 노벨상수상자는 10%,에디슨은 15%개발했다는 자료다. 특히 아인슈타인은 "인간은 잠재능력의 10%밖에 사용하지 않는다"라고 말했다.

멘토링에서 타인배려 차원에서 핵심기술을 개발하여 다양한 멘토십을 발휘 함으로써 특히 멘토와 멘제 상호 간 멘토링 활동에서 성공률을 높이는 기술로 활용된다.

1장 감성 (Emotional)기술 개발

2장 창의 (Creativity)기술 개발

3장 열정 (Passion)기술 개발

제3부 멘토링 미팅(Meeting)기술 개발

　제3부에서는 멘토링 현장 활동을 촉진하여 성공률을 높여주는 기술로 미팅에 필요한 3가지 기술인 대화기술, 관계기술, 미팅기술을 실었다.

　먼저 멘토링 활동이 활성화되기 위해서는 조직에서 철저한 통제 및 관리가 아니라 적극적인 지원과 기술개발로 멘토가 자생력을 제대로 발휘 할 수 있도록 지원하는 것이다.

　특히 전통적인 멘토링에서 와는 달리 조직에 적용 되는 제도적 멘토링 에서는 멘토를 현장에서 체계있게 개발하고 실행 시나리오를 통하여 멘토에게 자부심과 책임감을 느끼게 하는 것이 성공의 지름길이다.

　1장 미팅 대화 촉진기술
　2장 미팅 관계 촉진기술
　3장 미팅 상호 촉진기술

출간 감사(Thanks)

멘토링코리아 설립 당시(1998. 2. 1.) Bob Biehl 박사(美 멘토링 전문가)와 William Gray 교수(伽 브리티시 대학)로부터 전화, 이메일, 책자 등의 귀중한 자료를 제공받은 것에 대하여 두 분에게 진심으로 감사를 드린다.

초창기부터 한국적인 정서에 맞는 올바른 이론 정립과 생산성 확보에 필수적인 실행 프로그램을 개발하는 데 전문연구원으로 동참한 민홍기 박사, 김영회 박사, 최창호 박사, 최명국 박사, 탁충실 위원, 그리고 최근에 합류한 김순환 박사, 이제빈 박사, 한광훈 박사, 김해영 박사, 조병용 박사, 김동철 박사, 김성일 군목, 조주영 박사, 안만수 박사, 전종현 위원, 박화현 위원, 문일상 위원에게 감사를 드린다.

멘토링 자격증을 취득하고 전문업체로 멘토링 보급에 파트너십을 하고 있는 김호정 원장(멘토링솔루션), 이용철 원장(한국멘토링코칭센터), 나병선 대표(멘토링코리아컨설팅), 홍은경 소장(핸즈코리아), 이영남 대표(SMI KOREA)와 신정범 목사(큰비전교회), 이순길 목사(수원 소망교회) 등 현장에서 멘토링 보급에 앞장서고 있는 68명 멘토링 지도사에게 감사를 드린다.

멘토링 불모지 한국에서 정부기관 도입에 앞장선 노동부 정원호 서기관, 농림수산부 신경순 사무관, 지식경제부 김영화 서기관, 행정안전부 이정래 서기관, 그리고 교육과학기술부 임용우 팀장, 한국장학재단 이경숙 이사장님께 감사를 드린다.

멘토링은 저자에게 하나님이 25년 만에 기도의 응답으로 주신 선물(Gift)이다. 이에 감사하는 마음으로 멘토링에 열정을 가지고 다이아몬드와 같은 고품질의 프로그램으로 개발하여 1) 하나님께 영광, 2) 조직 개발에 기여, 그리고 3) 많은 사람에게 유익을 주어(고전 10:31~33) 하나님의 은혜에 보답하고자 한다.

저자의 멘토로서 8년간 저자에게 청교도 삶을 각인시킨(1980~1988) 故 김용기 장로님(가나안농군학교 설립자)과 대를 이어 멘토링 관계를 이어 오고 있는 김평일 가나안농군학교 교장께 감사를 드린다.

이번 책은 그동안 저자의 기도의 응원군인 서현교회 김경원 목사님과 성도님들, 그리고 저자의 에너지 근원이 된 아내 임금자를 포함한 가족 류환, 류현, 한현숙, 류경헌, 류나안, 안성훈, 류지영, 안서연 모두에게 감사를 드린다.

마지막으로 어려운 여건 속에서도 기꺼이 출판을 맡아 수고해 주신 한국학술정보㈜ 출판사 임직원께 심심한 감사를 드린다.

2011. 02. 01.

류재석 드림

Contents

멘토링 미팅(Meeting) 촉진기술 개발 / 137

제1부
멘토링 소통기술(Skill) 개발

제1부에서는 멘토링 기술의 기본이 되는 소통기술과 상대방을 배려하는 칭찬기술을 다루었다. 인류 역사와 함께한 소통은 원활하면 형통(亨通)이, 그렇지 못하면 고통(苦痛)의 삶이 되었다. 특히 멘토링은 1:1 대면 소통 방법으로 인간성, 기술성 그리고 윤리성을 강조한다. 여기에 시대별로 소통기술, 소통단계, 소통 주제별로 소통리더십의 달인 Big3를 소개한다. 오늘날 사회 각 조직의 리더들에게 벤치마킹 자료로 활용을 기대한다.

제1장 멘토링 소통기술 개발
제2장 멘토링 칭찬기술 개발

멘토링 소통(Communication)기술 개발

역사적인 차원에서 소통은 인류역사와 '함께'라고 볼 수 있다. 타인 배려 차원에서 아담에게 하와를 돕는 배필로 배려한 것이 소통의 근원이다.

멘토링 소통은 1:1이라는 대면을 원칙으로 이루어지는데 이는 가장 단시간 내에 가장 강한 힘을 발휘하는 인재개발 소통 프로그램인 것이다.

INDEX

1-1. 현대사회 소통과 리더십

1-2. 한마음 Big 3 소통모델

1-3. 소통개발 지수 측정법

1-1. 현대사회 소통과 리더십

1. 현대사회에서 소통리더십

뜻이 서로 통해 오해가 없다. '막히지 아니하여 잘 통한다'는 의미를 가진다. 이를 기업 경영에 적용해 보면, 하나는 고객과 기업, 조직 내부의 다양한 조직 간, 임직원들이 원활히 의사소통하는 것을 의미한다. 또 다른 하나는 단순히 의사소통만이 아니라 정보, 지식, 경험, 물리적 자원 등이 막힘없이 잘 흐르는 상태를 말하는 것이다.

2. 소통리더십의 전제로 인간 존엄성

  1) 하나님의 형상대로 창조된 인간은 인권 차원에서 반드시 존중받아야 한다.
  2) 한국을 비롯해서 자유민주주의 헌법이 인간의 존엄성을 인정하고 있다.
  3) 인간은 지식교육도 중요하지만 전인적인 차원에서 감성 등 인간성 개발교육
    도 중요하다.

3. 잘못된 선입견 소통 리더십

역사 속에서 독재자나 사회 이념주의자가 세뇌나 조작이나 협박을 통한 거짓 소통으로 국민을 설득한 것은 소통과는 거리가 멀다고 볼 수 있다. 특히 오늘날 국내에서도 대통령의 국민소통, 경영자의 직원소통, 목회자의 교인소통에서 이러한 잘못된 선입견을 버려야 한다.

4. 소통리더십이 제대로 안 되는 이유

  1) 공익의 가치중심에서 사익이나 집단이익을 우선 추구하여 공익과 사익 간에

균형이 이루어지지 않기 때문이다.

2) 인격적으로 평등 차원에서 소통리더십을 벗어나 세뇌나 설득 리더십으로 접근한다.

3) 인간 배려 차원에서 전인적인 역량 개발에서 벗어나 단지 단편적인 주입식 지적 교육중심으로 접근한다.

5. 사회 각 계층의 소통

1) 대통령도 소통

- 지구상의 유일한 분단국가로 오늘날 남·북 대결이 심화된 상태에서 소통이 필요한 시대다.
- 이명박 정부 집권여당인 한나라당의 내부 친이/친박계의 대결에서 소통이 절실하다.
- 이명박 대통령, "청와대 내 소통 잘 돼야 국민과도 소통 잘 돼"(YTN 2010. 07. 19.)
- 이명박 대통령은 청와대 자체의 소통이 잘 돼야 국민과 청와대도 소통이 잘 된다면서 청와대 참모들이 서민 경제 살리기에 집중해야 한다고 강조했다.

이 대통령은 오늘 청와대에서 인사 개편 이후 첫 수석비서관회의를 주재한 자리에서 정부가 약자와 서민, 젊은이들을 위한 일자리 만드는 데 좀 더 매진했으면 좋겠다며 이같이 말했다고 청와대 대변인이 전했다.

2) 경영자도 소통

CEO-직원 '바보의 벽'(소통장애)

국내 최고경영자 89%가 "직원과 소통이 어려움 있다." 그리고 대기업과 중소기업의 빈익빈 부익부의 양극화-대기업의 원가전가, 업종진입, 인력독점, 지불지연 등에 대해 대통령도 우려하고 있다.

국내 최고경영자(CEO) 대부분이 직원들과의 소통에 어려움을 느끼는 것으로 나타났다. 삼성경제연구소(www.seri.org)가 최근 경영자 대상 지식·정보 서비스인 '세리 CEO' 회원 407명을 대상으로 소통에 대해 설문 조사한 결과, 88.7%가 직원과 소통의 벽을 느낀 것으로 답했다. 이 가운데 소통장애를 자주 느낀다는 응답률은 17.0%였다.

소통이 잘 안 되는 이유에 대해 경영자들은 직원과 경영자 간의 가치관 및 비전의 차이(38.6%)를 가장 많이 꼽았다. 서로 지향하는 방향이 일치하지 않으면 각자 이해하고 받아들이는 내용이 엇갈려 소통장애로 이어지기 쉽다는 것이다. 정보를 임의대로 포장하거나 과장하는 등 정보왜곡의 관행(16.1%)과 관료주의적이거나 상명하복의 위계문화(16.1%)도 경영자들이 생각하는 소통을 어렵게 만드는 요인으로 꼽혔다. 실수나 반대 의견을 받아들이지 않는 경직된 분위기도 10.3%를 차지했다.

[직원과 생각 방향 일치 작업 필요]

원활한 소통을 위해 필요한 개선점으로 CEO의 36.6%는 직급에 상관없이 직원들이 의견을 자유롭게 표현할 수 있는 분위기를 조성하는 것이라고 답했다. 항상 투명하고 진실한 정보를 주고받는 문화 정착(25.6%), 뜻이 다르거나 반대되는 의견도 유쾌하게 수용하는 유연한 분위기 창출(21.4%), 직원과 경영진의 생각을 교류하는 채널(12.3%) 등을 활발한 소통의 방법으로 꼽은 경영자도 많았다.

세리 CEO는 "일본의 인체 해부 학자 요로 다케시가 제시했던 '바보의 벽', 즉 사람들이 각자 자신이 원하는 정보만을 받아들임으로 인해 생기는 일종의 소통장애가 경영자와 직원 사이에 엄연히 존재하고 있다"며 "라디오도 주파수를 정확히 맞춰야 잡음이 안 생기듯이 경영자도 직원들과 생각의 방향을 일치시키는 채널 조정 작업이 필요하다"고 강조했다.

3) 목회자도 소통

－기독교계의 자유경쟁원리에 의거하여 분파주의 극대화로 장로교단 총회만 260여 개가 되고 있다.

- 현재도 감리교단과 순복음교단은 교단 단합을 위한 소통이 절실히 필요한 때다.
- WCC총회(2013) 유치로 보수와 진보교단의 소통이 필요하고 새로 구성된 한 기총이 화합을 위한 소통이 필요한 실정이다.
- 기윤실은 "한국교회, 대사회적 소통이 필요하다(2010. 1. 13. Newscj)"고 했으며 "성경적 정신·원리 재발견… 세상과 영혼 소통하는 교회되길 바란다"고 했다. 또한 "성경적 커뮤니케이션의 정신과 원리를 재발견하고 세상과 소통하는 교회, 영혼들과 소통하는 목회의 아름다운 희망을 찾길 바란다"고 전했다. 이어 "지금 한국교회에서 가장 시급하고도 소중한 것이 프로그램·돈·능력·외양이 아니다"며 "사회와 소통하고, 교회 내에서 아름다운 소통을 열어 나가는 성육신의 정신과 사랑 나눔이 가장 중요하다"고 지적했다.

4) 정치인도 소통

2011년 7·28 재·보선에서는 출마자들이 발품을 팔아 지역구 곳곳을 돌아다니는 '골목길 유세'가 위력을 발휘했다. 이를 두고 중앙당에서 대규모 인력과 유세 장비를 지원하는 기존 선거 패러다임이 바뀌는 게 아니냐는 관측이 나오고 있다.

지난 30일 청와대에서 열린 이명박 대통령과 한나라당 지도부 만찬에선 한나라당 이재오(서울 은평을) 당선자의 '나 홀로' 선거운동이 화제에 올랐다. 이 대통령은 "앞으로 선거 전략이 점점 그렇게 가는 것 아니냐"며 "외국도 모여서 소리 지르고 하는 것은 안 한다"고 말했다.

이 당선자는 '외로우리만큼 혼자 하겠다'는 전략대로 중앙당 지원을 배제했고, 선거 로고송이나 유세차량도 이용하지 않았다. 매일 새벽 자전거로 목욕탕을 돌며 때를 미는 등 주민들을 1 대 1로 만났다.

충북 충주의 윤진식 당선자 역시 청와대 정책실장 출신답지 않게 농촌 지역 주민들과 감자를 함께 캐고, 마을회관에서 숙박했다.

인천 계양을 이상권 당선자도 중앙당의 선거 지원, 요란한 선거 출정식을 마다하고 1 대 1 스킨십에 전력을 쏟았다. 이재오 당선자는 당선확정 직후 "나 홀로 선거운동이 구민들에게 받아들여졌다. 은평구민이 선거문화 개혁에 크게 기여했다고 생각한다"고 말했다.

지난 30일 은평구를 다시 찾아 들어 본 유권자들의 반응은 이 당선자를 찍었든, 안 찍었든 조용한 선거운동에 대해 대체적으로 호의적이었다. 두 아이를 키우는 주부 최미라(38) 씨는 "유명한 사람이 티 안 내고 일일이 돌아다니는 거 보니까 신기했다"며 "굉장히 열심히 한다는 생각이 들었다"고 했다. 정권 이인자라는 거물의 몸을 낮춘 행보가 감동으로 다가왔다는 반응이 많았다.
(국민일보 8월 2일자 김나래·유성열 기자 narae@kmib.co.kr)

5) 월드컵도 소통

허정무 전 축구대표팀 감독이 2010 남아공월드컵에서 첫 원정 16강을 이룬 원동력은 선수들 사이의 소통과 화합이었다고 밝혔다.

허 감독은 행정안전부에서 특강을 갖고 선수들 간의 소통을 위해 안정적으로 노장 선수를 쓰는 것보다 젊은 선수를 과감히 기용했다고 말했다.

허 감독은 바둑을 예로 들면서 "두 사람씩 짝지어 두는 '편바둑'에서는 각자의 기량이 아무리 좋아도 소통이 안 되면 소용이 없다"며 "정부의 개별 부처 능력이 탁월해도 부처끼리 소통하지 못하면 제대로 된 행정을 하지 못하는 것과 같은 원리"라고 설명했다.

6. 커뮤니케이션 개요

1) 말의 힘

경솔한 말 한마디가 싸움에 불붙이고 잔인한 말 한마디가 인생을 파괴하고 독설의 말 한마디가 미움을 싹 틔우고 폭언의 말 한마디가 때려서 죽게 한다.

온유한 말 한마디가 장애를 제거하고 즐거운 말 한마디가 하루를 밝게 하고
때맞춘 말 한마디가 고민을 줄여 주고 사랑의 말 한마디가 화해와 축복을 준다.

2) 의사소통의 정의
· 의사소통이란 송신자가 수신자에게 언어적/비언어적 메시지를 전달하는 과정

3) 의사소통 역량이란?

· 상황 및 상대방의 감정을 정확히 이해하는 우호적인 분위기하에서 상
대방에게 자신의 의도를 말이나 문서로 명확하게 이해시키고[說], 상대방
의 의사를 경청하면서[聽] 상대방의 의도를 정확히 이해하는 것
· 이를 통해 공통적 이해를 도모하고 의식·태도 또는 행동의 발전적 변
화를 이루고자 함

7. 커뮤니케이션 방법

1) 대화는 주고받는 캐치볼이다(상호성)
① 일방적으로 말하지 않는다.
② 자기 일만 화제로 삼지 않는다.
③ 이야기를 하면서 상대의 반응을 배려한다.

2) 눈높이를 맞춘다
① 거만한 태도로 말하지 않는다.
② 설교하지 않는다.
③ 지나치게 겸손하다 못해 비굴한 태도를 보이지 않는다.

3) 나 전달법 Ⅰ- Message

당신이 ________________(행동)________________ 했을(할) 때,

나는 ________________(감정)________________ 했(한)다

왜냐하면 그 행동(말)은 나의 감정을 ____(영향)______하게 만들었기 때문이다.

예) 아빠가 책을 보고 있는데 TV를 크게 틀어 놓으면 ………… (행동)

　　아빠는 짜증이 난다. ……………………………………… (감정)

　　왜냐하면 내용이 머릿속에 들어오지 않거든 ……………… (영향)

8. 커뮤니케이션 방법

① 자신의 욕구, 감정, 생각 등을 솔직하게 표현한다.

② 직설적이지만 조심스럽게 표현한다.

③ 도움이 필요할 때 자신 있게 말하는 것이 필요하다.

④ 긍정적인 단어를 사용하라.

⑤ 건방지거나 예의에 벗어난 표현을 피하라. 또한 동정심을 유발하는 접근방법을 사용하지 마라.

9. 커뮤니케이션 과정

1) 의사소통의 수단

(1) 언어적 의사소통: 언어를 이용한 의사소통

① 구두 의사소통: 직접적인 말을 통한 정보의 교환이나 메시지의 전달, 효율성, 즉각성

② 문서 의사소통: 문서를 통한 의사소통(편지, 보고서, 사보, 매뉴얼 등)

(2) 비언어적 의사소통: 구두나 문서의 언어를 이용하지 않고 메시지를 전달하
는 의사소통

① 물리적·상징적 수단: 교통신호, 사이렌, 지위상징, 사무실의 크기, 좌석의 배치

② 신체적 언어: 눈 맞춤, 눈의 움직임, 자세, 표정, 제스처, 복장 등

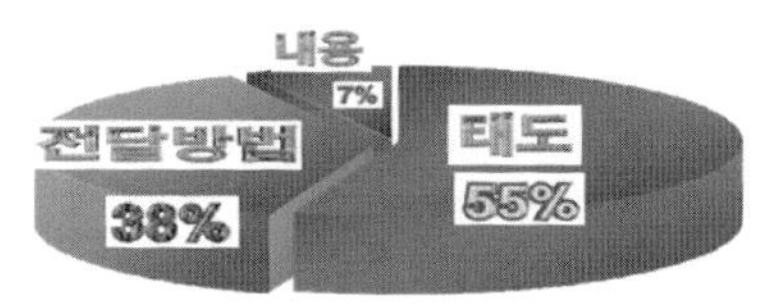

2) 의사소통과정의 중요 요소

메라비언의 법칙

By Albert Mehrabian

10. 커뮤니케이션 효과

1) 집단 창의성 발현과 조직 시너지 배가

첫째, 집단 창의 발현의 밑거름이 된다. 창의성의 시대에는 한 사람의 아이디어
가 아무리 좋아도, 이를 서로 공감하고 집단 전체의 창의성으로 승화할 수 있을
때보다 의미 있는 결과를 가져올 수 있다. 소통은 이를 가능하게 하는 중요한 수
단이다. 구성원들 간의 건강한 소통은 서로의 색다른 생각을 자유롭게 얘기하고,
건전한 논의아 비판 속에서 서로의 생각이 더 창의적인 아이디어로 발전할 수 있
게 만들기 때문이다. 아울러, 소통은 조직 내부의 불필요한 자원의 낭비를 막아
줄 뿐만 아니라, 기능조직 간의 상호 협력과 시너지 창출에도 도움을 준다.

2) 고객 중심 경영의 견고화

둘째, 소통은 고객 중심 경영을 더욱 견고히 해 주는 역할도 한다. 고객 중심 경영의 핵심은 조직 내부의 창의성만 높이는 것이 아니라 고객이 원하는 가치를 얼마나 효과적으로 제공하는가에 있다. 그런데 창의적인 기업이라고 할 때, 흔히 범하기 쉬운 실수 중 하나는 '공급자 중심 마인드' 내지는 '기술 지상주의의 함정'에 빠지는 것이다. 쉽게 말해 창의성은 누구도 흉내 낼 수 없는 기술적 발전으로만 가능하다고 오해해, 고객은 별로 원하지 않는 혁신 제품과 서비스를 내놓는 경우를 말한다. 과거 델(Dell) 컴퓨터가 데스크톱 컴퓨터와 워크스테이션의 장점만을 골라 출시한 '올림픽'이 대표적인 예다. 기술적으로 매우 훌륭한 제품이었고, 홍보에도 많은 돈을 투자했으나, 시장은 이를 외면하고 만다. 그 이유는 당시 고객들은 기능이 복잡하고 성능이 뛰어난 컴퓨터를 원하지 않았기 때문이다.

3) 신뢰와 믿음의 문화 형성

궁극적으로 소통은 공동체의 신뢰와 믿음의 문화를 만드는 계기가 된다. 앞서 언급한 고객 중심 경영, 기능 간 협력과 시너지, 집단 창의성 발현, 이 모두가 공동체 안의 신뢰와 믿음의 문화가 뒷받침될 수 있을 때 가능하다. 사실 기업의 성과 창출은 소통이 원활하지 않더라도 가능할 수 있다.

때로는 우연한 발견이나 획기적인 아이디어가, 때로는 최고 경영자의 카리스마가 탁월한 성과 창출로 이어지게 만들기도 한다. 하지만 이러한 성공이 지속적인 성장과 발전으로 이어지려면 그 이상의 무엇인가가 필요하다. 이것이 바로 신뢰와 믿음을 토대로 한 원활한 소통의 문화이다.

1-2. 한마음 Big 3 소통모델

인류 역사와 함께한 소통은 원활하면 형통(亨通)이, 그렇지 못하면 고통(苦痛)의 삶이 되었다. 특히 멘토링은 1:1 대면소통 방법으로 인간성, 기술성 그리고 윤리성을 강조한다. 여기에 시대별로 소통기술, 소통단계, 소통주제별로 소통리더십의 달인 Big 3을 소개한다. 오늘날 사회 각 조직의 리더들이 벤치마킹 자료로 활용하기를 기대한다.

Big3	Benchmarking	Result
신비한 소통	소통기술	마음
카사노바 그 여인들	3-Skill 배우기	Mind
한마음 소통	소통단계	왕관
다윗 요나단	3-Step 배우기	Crown
감동적 소통	소통주제	기부금
빌 게이츠 워런 버핏	3-Theme 배우기	Money

***카사노바는 어떻게 100여 명의 여인의 마음을 사로잡았을까?**
***다윗은 어떻게 요나단과 한마음으로 왕권을 넘겨받았을까?**
***빌 게이츠는 어떻게 버핏에게 300억 불 기부금을 받았을까?**

1. 소통 1: Best 카사노바

카사노바는 난봉꾼? 타고난 여성 심리학자이자 소통의 달인! 희대의 호색가라는 남부끄러운(?) 꼬리표 말고, 신학을 전공한 법학 박사이며 비밀 외교관, 종교 철학자, 사제, 바이올리니스트였던 사람이라면 누구를 떠올리겠는가?

[Casanova]

1725년 4월 2일 베네치아에서 출생하였다. '생갈트의 기사(Chevalier de Seingalt)'라는 이름은 그가 자칭한 것이다. 처음에는 성직자·군인·바이올리니스트 등으로 입신하려 하였으나, 추문(醜聞)으로 투옥되었다.

1756년 탈옥한 이후부터 생애의 3분의 2를 여행으로 유럽 전토를 편력하였다. 재치와 폭넓은 교양을 구사하여 외교관·재무관·스파이 등 여러 직업을 갖기도 하고, 감옥에 투옥당하기도 하는 등 그의 삶은 변화무쌍하였다. 그동안 여러 계층의 사람들(君侯·귀족·문학가·과학자·예술가·희극배우·귀부인·천민·사기꾼·방탕아)과 두루 사귀었고 계몽주의 사상에도 접하며 파란만장한 생애를 보냈다.

그는 보헤미아 둑스의 성에서 발트슈타인 백작의 사서(司書)로 쓸쓸히 죽었으나, 그의 저술가로서의 명성은 이 성에서 지루한 나날을 달래기 위해 쓴 『회상록 Histoire de ma vie』(12권, 1826~1838) 때문이다. 이것은 18세기 유럽의 사회·풍속을 아는 데 귀중한 기록이 되었다. 또한 5부로 된 공상소설 『20일 이야기 (Icosameron)』(1888)는 쥘 베른의 『지저(地底) 여행』의 선구적 작품이라 일컬어진다.

희대의 호색가라는 남부끄러운(?) 꼬리표 말고, 신학을 전공한 법학 박사이며 비밀 외교관, 종교 철학자, 사제, 바이올리니스트였던 사람이라면 누구를 떠올리겠는가? 당대 유럽의 지성이었던 카사노바가 '호색'이라는 하나의 평가로만 남겨진 데는 그의 자서전『내 인생 이야기』가 큰 몫을 하였다. 사드만큼의 적나라함이 아니었음에도 불구하고 그의 생생한 연애담 묘사가 제대로 빛을 발하기까지는 162년이라는 시간이 필요했을 만큼, 그의 자서전은 충격적이고 리얼한 호흡이 살아 있다.

그리고 이 책은 그의 생애 중 1년 남짓한 스페인 여행 부분만을 발췌하여 만들어졌다. 욕망으로 타오르는 스페인 여성과 무능한 남성들에 대한 탁월한 묘사는 도망과 망명을 거듭하며 전 유럽을 누볐던 과거의 여정에 영향을 받았을 것으로 보인다. 두 번에 걸친 투옥, 연이은 추방, 귀족들과의 불화와 다툼, 무산된 사업, 두 여인-이그나시아와 니나-과의 사랑을 담담하게 풀어 나가며 스페인에 관한 인류학적인 견해와 일상적이고 세세한 묘사들을 가득 채워, 스페인에 대한 사료적 가치도 충분하다고 평가받는다.

1) 소통 Skill 1. Benchmarking

'사랑받고 싶다면 사랑하라.' 이 단순한 명제는 가장 이상적인 커뮤니케이션 방법이다. 이것을 몸소 실천한 인물로 희대의 난봉꾼으로 일컬어지는 카사노바가 꼽힌다. 30여 년간 100여 명의 여인들을 사로잡았던 카사노바를 다른 시각에서 보면 타고난 여성 심리학자이자 탁월한 커뮤니케이터로 해석할 수 있다. 상대방으로 하여금 자신의 매력에 빠지게 하는 능력, 그래서 상대방이 스스로 다가오게 하는 미력, 시대의 리더에게 필요한 커뮤니케이션 스킬을 카사노바에게서 찾아볼 수 있다.

사람은 끝없이 관심과 애정을 갈구하는 것으로 평생을 소진한다고 봐도 지나치지 않다. 정치가들은 국민의 많은 지지를 받길 원하고, 대중스타는 많은 팬들의 사랑을 원하고, 선생님들은 많은 학생들에게 좋은 스승이 되길 바라고, 학생들은 친구들에게서 사랑받는 사람이 되고 싶어 한다. 기업의 경영자 역시 많은 구성원들이 자신의 경영방침을 따라 주고 열심히 일해 줄 것을 기대한다. 이런 욕망 속에서 원만한 소통을 위한 노력을 하고 사랑받기 위한 노력을 게을리하지 않는다.

2) 소통 Skill 2. Benchmarking

　'내가 대접받고 싶은 대로 남을 대접하라'는 말이 있다. 이것은 사람 간 커뮤니케이션의 최상급이라 해도 좋을 정도로 이상적인 방법이다. 내가 칭찬받고 싶다면 다른 사람도 똑같이 칭찬하고, 내가 누군가에게 인정받고 싶다면 나 역시 다른 사람의 능력과 업적을 기꺼이 인정할 줄 알아야 한다. 내 말을 다른 사람이 잘 들어주고 따라 주길 바란다면, 나도 다른 사람의 말을 경청하고 성실하게 반응해야 한다. 내가 윗사람이니까 적당히 명령하고 지시하는 방법에만 의지해서는 안 된다. 이렇듯 '사랑받고 싶다면 사랑하라'는 것이 커뮤니케이션의 기본이라면, 이를 몸소 실천했던 카사노바에게서 그 기술을 배울 수 있지 않을까.

　카사노바는 그야말로 본능에 충실한 인물로, 남성들의 판타지라 할 수 있다. 그의 회고록에 의하면 15세부터 45세에 이르기까지 약 30년간 100명이 넘는 여성과 관계를 가졌다고 한다. 카사노바의 자부심은 많은 여성을 만났다는 데 있지 않다. 유흥가에서 돈을 주고 여성을 사지 않았고, 폭력이나 완력으로 여자를 유린하거나 관계를 갖지 않았다는 것이 그의 자랑거리였다. 한마디로 여성들이 스스로 원하게 만들었다는 것인데, 어떻게 그럴 수 있었을까. 어떤 매력이 마력처럼 작용해 여성들을 꼼짝 못하게 할 수 있었을까.

　카사노바의 이력을 보면 그를 단순한 바람둥이로 치부하기에 석연치 않아 보인다. 그가 생전에 가진 직업만 해도 법학박사, 철학자, 사제, 바이올리니스트, 연극배우, 도박꾼, 사업가, 외교관 등 수십 가지다. 다재다능한 인물이었으니 많은 여성이 따랐을 것이라 생각할 수도 있다. 그런데 특이한 점은 카사노바가 점찍은 여성들의 유형이다. 첫째가 미인이 아닌 여성, 둘째가 중성에 가깝고 뚜렷한 개성이 없는 여성을 선택한다는 점이 다른 남성들과 달랐다. 한마디로 보통 남자들이 거들떠보지 않는 여성을 선택한다는 것이다.

　카사노바는 인기가 없는 듯한 여성을 선택한 뒤, 그들의 숨겨진 매력을 찾아내 살살 녹게 칭찬하고 찬사를 퍼부었다. 카사노바는 "여성을 위해 태어났다고 자각한 나는 언제나 여자를 사랑할 뿐 아니라, 그 여성들로부터 사랑받고자 최선을 다했다"고 말했다. 여성들이 빠져들지 않을 수 없는 대목이다. 카사노바가 정력가인 것처럼 알려져 있지만 사실은 타고난 여성심리학자라고 해도 과언이 아니다. 여성의 심리를 잘 읽었다는 점에서 탁월한 커뮤니케이터라고도 할 수 있다.

마음에 들지 않더라도 때로는 덮어놓고 칭찬하는 것이 필요할 때가 있다. 비판과 비난, 꾸중이 더 이상 아무런 효과를 내지 못하고 사람의 의욕만 떨어뜨리거나 기운을 빼앗아 갈 때다. 칭찬은 마음을 움직이기 위해서, 동기를 부여하기 위해서 필요하다. 칭찬은 고래만 춤추게 하는 것이 아니라 의욕을 잃거나 좌절한 사람도 일어서게 한다. 미래의 비전이 확고한 경영자의 눈으로 보자면 조직구성원의 노력이 마음에 차지 않는 경우가 더 많을지 모른다. 하지만 야단치고 비난한다고 생산성이나 실적이 좋아지지 않는다. 차라리 부족한 점이 보여도 눈 질끈 감고 덮어놓고 칭찬 한번 해 보라. 그것이 천 리 길의 첫걸음이 된다.

그런데 무엇인가 칭찬을 하고 싶고 긍정적인 말을 하고 싶어도 자꾸 예전에 잘못했던 것, 실수했던 것, 나를 분노하게 했던 일들이 생각나 또 그런 일을 저지를까 노파심에 자꾸 잔소리가 길어질 때가 있다. 회사 전체의 나아갈 길을 찾고 조직을 책임져야 하는 사람이면 누구나 갖게 되는 어려움이지만 이때도 카사노바를 벤치마킹해 보면 어떨까.

3) 소통 Skill 3. Benchmarking

'과거 여자는 다 잊어라'다. 독서 애호가였던 카사노바는 자신의 작업 비결에 대해 "헌 연애를 끝내고 다음으로 넘어갈 때 한 책을 덮고 다른 책을 열듯 마음을 비우고 또 다음 연애에 몸과 마음을 던진 망각의 힘이었다"고 말했다. "최고의 연인이 되고 싶다면 지금 내 눈앞에 있는 여자 때문에 옛날 여자 같은 건 다 잊었노라고 대답해 주라"는 것이다. 정말로 잊으면 금상첨화겠지만 말이다.

여러분도 카사노바처럼 과거를 잊어 보라. 지나간 과거가 앞으로 갈 길의 반면교사는 되겠지만, 과거에 매달려 있는 한 내일을 향한 추진력을 잃게 된다. 커뮤니케이션 과정에서 불행하게도 너무나 많은 사람들이 과거에 매달려 지낸다. 경영자는 미래를 향해 선 사람이다. 조직구성원이 자신의 일에 보람을 느끼고 회사를 사랑하게 하려면, 과거의 실수나 잘못이 발목을 잡도록 해서는 안 된다. 일부러 경영자가 나서서 고리를 끊고 잊어 주어야 한다.

보람 있고 행복한 일터가 되는 기업문화는 사내에서 직원들의 원활한 쌍방향 소통과 활력이 없이는 불가능하다. '사람'이나 '사람 간의 소통'이 빠진 일터는 한 개의 부속만 빠져도 공장 전체가 한꺼번에 가동을 멈추는 시스템과 같다. 과거에 붙잡혀 있지 말고 현재의 모습을 긍정적으로 포지셔닝해 보라. 조직원들을 칭찬하는 것으로 그들의 잠재능력까지 춤추게 만든다. 그러면 리더 여러분들이 춤출 날이 한결 빠르게 올 것이다.

<자료인용: 전미옥 CMI연구소 대표(한국경제신문 2010. 07. 23.) 게재>

2. 소통 2: Best 다윗과 요나단

1) 멘토링 소통 3단계(Step) Benchmarking 하기

Step 1. 우정단계 – 요나단은 적장을 물리친 다윗에 호감을 갖고
다윗이 불레셋 적장 골리앗을 비무장 상태로 물리친 후부터 사울 왕의 맏아들 요나단은 사울 왕의 후계자였음에도 불구하고 놀랍게도 다윗에게 호감을 갖고 헌신적인 우정을 보였다(삼상 20:31).

Step 2. 인격단계 – 서로 간 신뢰와 존경으로 한마음을 갖고
다윗이 요나단의 아버지 사울의 부름으로 궁궐에 출입하게 되면서 둘은 깊은 우정을 쌓아 갔다. 나중에 사울이 다윗을 질투하여 죽이려 하자 그 뜻을 요나단이 알고 다윗을 위험에서 구해 주기까지 했다. 요나단은 왕자였지만 그 자리에 대한 욕심보다 다윗을 아끼고 인격적으로 상호 간 신뢰하고 존경하는 한마음이 되었다.

Step 3. 사명단계 – 서로 간 생명과 왕권을 귀하게 여기고
요나단은 자기 아버지가 다윗을 증오한다는 것을 알게 되었을 때 친구를 두둔하였다(삼상 19:1~7).
요나단은 십황무지에서 다윗이 장차 왕이 될 것이라는 약속을 했다(삼상 23:15~18.) 결국 다윗은 이스라엘 2대 왕이 되었다.

---

2) 멘토링 소통 효과(Result)

(1) 왕권 전수 – 이스라엘 2대 왕위를 승계하다.

(2) 성군 다윗 – 이스라엘에서 성군으로 추앙받다.

(3) 므비보셋 - 요나단의 불구 아들을 왕자처럼 여겼다.

3) 멘토링 소통 세부 전개사항

(1) 다윗이 골리앗을 쓰러뜨렸을 때 다윗의 마음과 연락되었다(삼상 17. 56~58, 18:1)

왕이 가로되 너는 이 청년이 누구의 아들인가 물어보라 하였더니, 다윗이 블레셋 사람을 죽이고 돌아올 때에 블레셋사람의 머리가 그 손에 있는 채 아브넬이 그를 사울의 앞으로 인도하니, 사울이 그에게 묻되 소년이여 누구의 아들이뇨. 다윗이 대답하되 나는 주의 종 베들레헴 사람 이새의 아들이니이다.

사울에게 말하기를 마치매 요나단의 마음이 다윗의 마음과 연락되어 요나단이 그를 자기 생명 같이 사랑하니라.

(2) 요나단은 다윗을 자기 생명같이 사랑하여 더불어 언약을 맺었으며 요나단
  이 자기의 입었던 겉옷을 벗어 다윗에게 주었고 그 군복과 칼과 활과 띠도
  그리하였더라(삼상 18:3~4)

(3) 아버지 사울 왕의 잘못을 눈물로 간하여 다윗을 구하는 데 온갖 노력을 아
  끼지 않았다(삼상 19:1~7, 20:16~17)

사울이 그 아들 요나단과 그 모든 신하에게 다윗을 죽이라 말하였더니 사울의 아들 요나단이 다윗을 심히 기뻐하므로, 그가 다윗에게 고하여 가로되 내 부친 사울이 너를 죽이기를 꾀하시느니라 그러므로 이제 청하노니 아침에 조신하여 은밀한 곳에 숨어 있으라.

내가 나가서 너 있는 들에서 내 부친 곁에 서서 네 일을 내 부친과 말하다가 무엇을 보거든 네게 알게 하리라 하고, 요나단이 그 아비 사울에게 다윗을 포장하여 가로되 원컨대 왕은 신하 다윗에게 범죄치 마옵소서. 그는 왕께 득죄하지 아니하였고 그가 왕께 행한 일은 심히 선함이니이다. 그가 자기 생명을 아끼지 아니하고 블레셋 사람을 죽였고 여호와께서는 온 이스라엘을 위하여 큰 구원을 이루셨으므로 왕이 이를 보고 기뻐하셨거늘 어찌 무고히 다윗을 죽여 무죄한 피를 흘려 범죄하려 하시나이까.

사울이 요나단의 말을 듣고 맹세하되 여호와께서 사시거니와 그가 죽임을 당치 아니하리라. 요나단이 다윗을 불러 그 모든 일을 알게 하고 그를 사울에게로 인도하니 그가 사울 앞에 여전히 있으니라.

이에 요나단이 다윗의 집과 언약하기를 여호와께서는 다윗의 대적들을 치실지어다 하니라. 요나단이 다윗을 사랑하므로 그로 다시 맹세케 하였으니 이는 자기 생명을 사랑함같이 그를 사랑함이었더라.

(4) 요나단은 아버지인 사울 왕이 다윗을 죽이려는 계교를 암호로 활을 쏘아서 위기를 벗어나게 했다. 그리고 다윗을 옹호하다가 사울 왕의 큰 노여움을 사서 핍박을 받았다(삼상 20:30~34)

사울이 요나단에게 노를 발하고 그에게 이르되 패역부도의 계집의 소생아 네가 이새의 아들을 택한 것이 네 수치와 네 어미의 벌거벗은 수치됨을 내가 어찌 알지 못하랴. 이새의 아들이 땅에 사는 동안은 너와 네 나라가 든든히 서지 못하리라. 그런즉 이제 보내어 그를 내게로 끌어오라. 그는 죽어야 할 자니라.

요나단이 그 부친 사울에게 대답하여 가로되 그가 죽을 일이 무엇이니이까. 무엇을 행하였나이까. 사울이 요나단에게 단창을 던져 치려 한지라. 요나단이 그 부친이 다윗을 죽이기로 결심한 줄 알고 심히 노하여 식사 자리에서 떠나고 달의 제 이일에는 먹지 아니하였으니 이는 그 부친이 다윗을 욕되게 하였으므로 다윗을 위하여 슬퍼함이었더라.

(5) 요나단은 십황무지에서 다윗이 장차 왕이 되고 자기는 다음이 되겠다는 약
속을 했다. 그리고 영영 헤어졌다(삼상 23:15~18)

다윗이 사울의 자기 생명을 찾으려고 나온 것을 보았으므로 그가 십황무지 수
풀에 있었더니, 사울의 아들 요나단이 일어나 수풀에 들어가서 다윗에게 이르러
그로 하나님을 힘 있게 의지하게 하였는데, 곧 요나단이 그에게 이르기를 두려워
말라 내 부친 사울의 손이 네게 미치지 못할 것이요 너는 이스라엘 왕이 되고 나
는 네 다음이 될 것을 내 부친 사울도 안다 하니라. 두 사람이 여호와 앞에서 언
약하고 다윗은 수풀에 거하고 요나단은 자기 집으로 돌아가니라.

4) 멘토 요나단의 다윗에 대한 소통 영향력

인격	요나단의 다윗 위한 전인적인 서비스	요나단의 도움으로 다윗의 성과
전문 知	1. 장비: 군복과 칼과 활을 언약으로 주었다. 2. 전쟁: 다윗의 전쟁 승리를 왕께 변호했다.	1. 정보: 사울의 전략을 사전 탐지했다. 2. 환영: 백성들의 환영이 사울을 능가하였다. 3. 왕위: 사울 왕 후계자로 인정받다. 4. 승리: 골리앗에게 패배를 안기고 승리한다. 5. 성군: 온 백성으로부터 성군으로 추앙받다.
정서 情	1. 눈물: 다윗을 위해 눈물로 사울 왕을 구했다. 2. 위협: 사울이 요나단을 창으로 위협했다.	
의지 意	1. 왕위: 다윗이 왕 될 것으로 인정했다. 2. 흥망: 사울의 패망보다 다윗을 우선 했다. 3. 승리: 골리앗으로부터 승리를 축하했다. 4. 생명: 다윗을 생명 걸고 보호했다.	

3. 소통 3: Best 빌 게이츠/워런 버핏

1) 세계 갑부인 빌게이츠와 워런 버핏 Story

빌 게이츠(Bill Gates, 56)	워런 버핏(Warren Buffett, 81)
1955년생(56세) MS-CEO 컴퓨터 황제(12세 입문) 세계부자 1위 빌은 최근 은퇴하고 그간 26조 기부한 빌 앤 멜린다 자선재단에 전념하겠다고 선언	1930년생(81세) 벅셔 해서웨이-CEO 투자의 귀재(11세 주식투자입문) 세계부자 2위 최근 빌 앤 메린다 자선재단에 35조 기부 그와 점심 한 끼 22억 원(2008년 06월)이면 7명까지 투자 자문

[워런 버핏의 금세기 기적의 기부]

세계 2위의 부자 워런 버핏(Warren Buffett, 76) 벅셔 해서웨이 회장이 자신의 재

산 가운데 85%에 해당하는 374억 달러(약 36조 원)를 5개 자선단체에 기부한다고 발표했다. 그는 특히 기부금 대부분을 세계 1위의 부자인 빌 게이츠(50) 마이크로소프트 회장 부부가 운영하는 빌 앤 멜린다 게이츠재단에 보내기로 해 큰 감동을 주고 있다.

버핏은 자신이 운영하는 투자 회사인 버크셔 해서웨이 홈페이지를 통해 빌 앤 멜린다 게이츠재단과 자신의 자녀들이 운영하는 3개 자선단체, 작고한 아내를 기리기 위해 만든 자선단체에 매년 버크셔 해서웨이 주식을 기부하기로 했다. 기부 액수 374억 달러는 앤드루 카네기나 존 록펠러, 헨리 포드 등의 기부금을 능가하는 사상 최대 규모다.

투자의 귀재로 불리는 버핏은 회사 지분 약 31%(47만 4,998주·40억 달러)를 보유하고 있으며, 기부금 가운데 310억 달러를 빌 게이츠재단에 기부할 예정이다. 버핏은 그동안 자신이 죽은 뒤에야 상당 금액의 기부를 할 것이라고 주장해 왔고, 그의 기부금은 대부분 아내의 재단에 넘겨질 것으로 예상됐었다. 하지만 버핏은 지난 2004년 아내가 죽었고 재산을 기부하는 것이 옳다는 확신이 섰으며, 빌 게이츠에 대한 믿음이 있어서 지금 처분을 시작했다고 말했다.

2) 두 사람의 인간성 중심의 소통 멘토링 모델
멘토링 기간: 20년간(1991년 1월 1일부터 현재까지)
멘토링 목적: 상호 간 관계 촉진 멘토링
멘토링 특징: 빌게이츠는 자기업체가 생산한 컴퓨터를 비즈니스차원에서 팔려 하지 않고 단순히 버핏에게 사용법을 가르쳐 주었고 역시 버핏은 자기 계열사 제품인 사탕을 팔려 하지 않고 단순히 친목으로 카드놀이를 가르쳐 주었다.

멘토링 활동: 두 사람은 상호 간 사업고민상담과 친목으로 가정방문 등을 하였다. 여행 함께 하고 1달러 카드게임하고, 상대방 취향 맞게 대우했다. 이들은 온라인에서 몇 시간씩 1달러 내기 카드게임을 하는 것으로 유명한데 게이츠는 버핏에게 컴퓨터 사용법을 가르쳐 줬으며 버핏은 수년 동안 브리지 게임을 멀리해 온 게이츠에게 카드 게임을 다시 가르쳐 줬다고 한다.

버핏과 게이츠는 10대에 자신들이 하고 싶은 일을 찾았다는 점과 자수성가했다는 공통점을 가지고 있다. 게이츠는 12세에 컴퓨터에 대한 관심을 키워 왔다고 한다. 버핏 역시 11세에 주식투자를 시작했으며 지금까지 투자를 하며 살고 있다. 이들은 부자 부모가 있었던 것도 아니었지만 자신이 하고 싶은 일을 꾸준히 해 왔으며 그 결과 각각 버크셔 해서웨이와 마이크로소프트를 세계적인 기업으로 일궈 낼 수 있었다.

두 사람의 또 다른 공통점은 수백억 달러를 소유한 세계 최고 부자지만 검소하고, 꾸밈이 없으며 소탈한 것으로 유명하다. 실제로 그들은 평범한 옷차림으로 출근하는 것으로 알려져 있다. 또 둘 다 아침을 먹지 않으며 점심과 저녁을 화려한 레스토랑에서 먹기보다는 패스트푸드점에서 햄버거를 먹는 것을 좋아한다.

버핏은 게이츠에 대해 "유머감각을 좋아한다"고 밝힌 바 있다. WSJ는 2000년 한 기사에서 버핏이 게이츠 유머감각에 대해 언급했다고 보도했다.

당시 버핏은 게이츠와 중국 베이징에 위치한 쯔진성(紫禁城)을 방문한 사례를 소개하면서 당시 중국여성들이 고대 두루마리를 조심스럽게 펼쳐 관광객들에게 보여 주었는데 게이츠는 버핏 귀에 대고 "두루마리를 제대로 말지 않고 넣으면 벌금 2달러 있다고 하지요"라며 농담했다고 소개했다.

3) 두 사람은 미국사회에서 노블레스 오블리주 주도

지난 2000년 빌 게이츠와 아내 멜린다가 설립된 게이츠재단은 자산이 300억 달러에 달하는 미국 내 최대 사선 재단으로 후진국 교육사업과 에이즈·말라리아·결핵 퇴치사업을 벌이고 있다.

워런 버핏과 빌 게이츠는 1991년 처음 만난 이래 사업상 동료이자 친한 친구로 지내 왔다. 함께 여행을 하거나 정기적으로 온라인 브리지 게임을 했고, 수시로 개인적이거나 사업상의 문제를 의논했다.

버핏의 나머지 기부금 60억 달러는 아내를 기린 수전 톰슨 버핏재단(가족계획), 장남의 하워드 버핏재단(환경보호), 딸의 수전 버핏재단(저소득층 교육 지원), 차남의 노보재단(교육과 인권)에 나누어 줄 예정이다. 이번 기부 후에 남은 마지막 66

억 달러도 생전 혹은 사후에 모두 자선사업에 사용할 계획이라고 버핏은 밝혔다.

세계 2위의 부자임에도 불구하고 버핏의 평소 생활은 검약과 신의로 일관되어 있다. 그는 학창시절 신문배달 등을 통해 모은 9,800달러를 밑천으로 50년 만에 거부가 되었다. 하지만 1958년 고향인 네브라스카 주 오마하에서 3만 1,500달러를 주고 산 집에서 계속 살고 있으며, 20달러짜리 스테이크 하우스를 즐겨 찾는다. 번호판이 검약(Thrifty)인 2001년식 링컨 타운카 중고차를 몰고 다니고, 12달러짜리 이발소에서 머리를 깎는다. 친구를 끝까지 믿고, 자신이 잘 아는 우량종목에 장기 투자한다는 원칙을 갖고 있다. 사람들은 시골 노인풍의 그를 오마하의 현인(賢人)이라 부른다.

1-3. 소통개발 지수 측정법

1. 소통지수 측정방법

오늘날 우리 사회는 정보와 다양화 특성의 다양화로 인하여 남다르게 소통에 대한 준비 없이는 고통이 따르고 관계를 이어 가기 어렵고 힘든 사회다. 소통하기 위해서는 효과적 커뮤니케이션이 필요하며 먼저 타인을 배려하는 입장에서 생각하고 경청에 유의해야 한다.

소통을 위해서는 피나는 연습과 노력이 필요하다. 시스코의 존 챔버스 회장은 난독증이었으며 처칠은 말더듬이었음에도 불구하고 대중과 소통하기 위해 피나는 노력으로 연습했다. 우리의 소통 지수를 알아보고 필요한 부분을 적극적으로 개선하기 위해 노력해 보기로 하자. 다른 사람을 만나는 상황을 머릿속에 그리며 테스트해 보라.

2. 소통지수 자기 진단 Sheet

① 5점: 항상 그렇다

② 4점: 대체로 그렇다

③ 3점: 보통이다,

④ 2점: 대체로 그렇지 않다

⑤ 1점: 전혀 그렇지 않다.

NO	원칙	자기진단내용	Check
1	공감 원칙	다른 사람을 만날 때 상대방과의 차이를 인정하는가?	
2		상대방에 대해 알고자 노력하는가?	
3		상대방의 심정과 생각을 이해하고자 노력하는가?	
4		자기 이야기를 격의 없이 질문하는 편인가?	
5	경청 원칙	말하기보다는 상대방의 이야기를 듣는가? (양적 입장)	
6		상대방의 이야기를 진지하게 깊게 듣는가? (질적 입장)	
7		사람을 만날 때 의상과 외모에 신경을 쓰는가?	
8	통합 원칙	말할 때 상대방을 설득하기 위해 제스처를 사용하는가?	
9		이야기할 때 상대방과 눈을 마주치는가?	
10		상대방에게 부드럽게 이야기하는가?	
11	스토리 텔링 원칙	상대방과 막힘없이 많은 이야기를 할 수 있는가.	
12		다른 사람의 이야기 등 사례를 많이 말하는가?	
13		상대방에게 말할 때 조리 있고 짜임새 있게 이야기하는가?	
14	명료성 원칙	상대방에게 말할 때 이야기 주제가 명료한가?	
15		상대방에게 말할 때 주제가 논리적이고 출처가 분명한가?	
16	반복 자극 원칙	상대방에게 자기주장을 반복해서 설득하는가?	
17		타인과 만날 때 자기만의 매력을 보이려고 노력하는가?	
18		누군가를 만났을 때 타인을 배려하는 매너가 있는가?	
19	진정성 원칙	누군가 만났을 때 상대방에게 집중하는가?	
20		상대방에게 하고 있는 말과 행동이 일치하다고 보는가?	

3. 자기점검 등록표

등급	득점점수	평가	평가내용
1등급	90점 이상	소통의 달인	어떠한 상황에서도 차이를 인정하고 소통을 시도한다. 경청을 통해 다른 사람의 의견을 먼저 받아들이고 자신의 의견도 상황에 맞게 적절히 전달한다. 항상 상대방을 최우선으로 하여 소통한다. 역사적 인물이나 성인의 반열이다.
2등급	80	원활한 소통	소통을 하고자 매사 노력한다. 여건이 허락하면 차이를 인정하고 좋은 관계를 맺고자 노력한다. 주변 사람에게 친화력이 좋은 사람으로 인정받으며 매력적인 인물로 주변에 사람이 모인다.
3등급	70	평범한 소통	소통의 중요성을 인식하고 소통하고자 시도하지만 안 되는 경우가 종종 발생한다. 자신의 이익과 관련된 문제가 개입되면 소통보다는 일방적 주장으로 상대방을 설득하고자 한다.
4등급	55	일방적 소통	소통을 자신의 주장이 관철되는 것으로 이해한다. 자신의 주장을 모두 전하는 것이 좋은 소통이라 생각하고 특히 자신의 매력을 높이는 것에 몰두하지만 상대방에게 잘 집중하지는 않는다.
5등급	55점 이하	불통의 단계	타인과 차이를 인정하지 못할 뿐 아니라 자신의 메시지 자체도 효과적으로 전달하지 못한다. 관계 형성이 안 되며 나중에는 만남 자체를 꺼린다.

자료인용: http://Zimm.blog.me/40094294031

제2장
멘토링 칭찬(Pygmalion)기술 개발

요즈음 우리 사회는 '칭찬은 고래도 춤추게 한다'는 책이름과 같이 도처에서 칭찬 분위기가 무르익고 있다. 멘토링코리아에서는 일찍이 심리학을 활용한 과학적인 칭찬기법으로 '피그말리온 칭찬기법'을 개발하여 1:1 멘토링 활동에 적용함으로써 큰 효과를 얻고 있다.

금번 새로운 10년 인간중심의 시대에서 피그말리온 칭찬기법이 가정, 직장 등 각계각층에서 활용되어 메마른 사회에서 인간성 회복에 큰 보탬이 되기를 기대해 본다.

Pygmalion의 원리는 특정한 사람에 기대를 갖고 칭찬기법을 적용하면 좋은 효과를 얻는 것으로 특히 1:1 멘토링에서 멘토가 이러한 칭찬기법을 활용하면 성공률이 높아진다는 맥킨지 컨설팅의 사례 보고서를 함께 소개한다.

INDEX

2-1. Pygmalion

2-2. Pygmalion Influence & Effect(효과)

2-3. Pygmalion 칭찬플러스 Workshop

2-4. 인간행동 유형별 칭찬 기술

2-5. Best Model 기분 좋은 칭찬기술 7가지

2-1. Pygmalion

타인의 기대나 관심에 해당하는 사항은 피그말리온이 완벽한 여인을 찾고자 하는 기대와 관심을 말하는 것이고, 능률이 오르거나 결과가 좋아지는 것은 피그말리온의 그러한 기대와 관심으로 완벽한 여인조각상을 만드는 능률과 조각상이 실제 여인이 되는 좋은 결과로 보면 된다.

그리스 로마 신화 중 키프러스(Cyplus) 섬나라에서 이루어진 이야기다. 특히 그 나라 여성들은 나그네를 박대한 나머지 아프로디테 여신으로부터 경고로 그들에게 몸을 파는 지경으로까지 전락하게 되었다.

그 나라 왕이자 조작가인 피그말리온(Pygmalion)은 여자들의 결점을 너무 많이 본 나머지 자국 여성을 혐오하게 되어 평생 결혼하지 않고 혼자 살겠다고 결심하였다.

어느 날 우연히 작품 명 갈라테이아(Galatea)라는 이름의 조작상을 상아로 조각하게 되었는데 이 조작상은 지상의 어느 여자도 감히 비교될 수 없는 아름다움과 살아 있다는 느낌이 들 정도로 완벽한 여인의 모습이었다.

자신의 작품에 완전히 빠져 버린 피그말리온은 이 조각상이 움직이지 않는 이유가 수줍음을 많이 타기 때문이라 생각하였다.

결국 피그말리온은 자신의 조작상인 갈라테이아를 깊이 흠모하게 되었다. 그는 조각상이 살아 있는 것은 아닌지 확인이라도 하려는 듯 조각상에 옷을 입히고 보석으로 장식도 해주며 가끔씩 만지기도 하고 끌어안기도 하고 사랑을 속삭이기도 하였다.

해마다 열리는 아프로디테 여신의 축제가 가까워 오면 피그말리온 왕은 실현 가능성이 전혀 없는 일이기는 했지만, 그가 끔찍하게 사랑하는 조각상과 닮은 여인을 아내로 맞이하게 해 달라고 여신에게 황소를 제물로 바치고 기도를 드렸다.

아프로디테는 피그말리온의 진정한 소망을 알아 채고는 그가 스스로 창조한 조각 옆에 누워 있을 때 그것에 서서히 생명을 불어넣었다. 피그말리온은 **그 여인과 행복하게 살았다는 신화 속의 전설이야기이다.**

2-2. Pygmalion Influence & Effect(효과)

누군가에게 기대하고 관심을 가진다면 더 우수하게 만들 수 있을 것이다. 이것을 요약한 중요한 개념은 바로 '기대'이다.

위의 말은 피그말리온 효과에 입각한 것이다. 피그말리온 효과란 자신감을 불어넣어 주고 꼭 그렇게 될 것이라고 격려하고 가꾸어 주면 그 기대를 받은 사람은 그렇게 자신을 아껴 준 이의 기대에 어느 정도 호응하게 되어 다른 사람보다 우수하게 될 확률이 높다는 이론이다.

피그말리온 효과는 경영과 조직에도 그대로 적용된다. CEO의 기대치에 따라 부하 직원의 태도와 성과가 달라진다.

1. 교육적인 면에서 영향력과 효과

심리학에서는 타인이 나를 존중하고 나에게 기대하는 것이 있으면 기대에 부응하는 쪽으로 변하려고 노력하여 그렇게 된다는 것을 의미한다. 특히 교육심리학에서는 교사의 관심이 학생에게 긍정적인 영향을 미치는 심리적 요인이 된다는 것을 말한다.

1968년 하버드대학교 사회심리학과 교수인 로버트 로젠탈(Robert Rosenthal)과 미국에서 20년 이상 조등학교 교장을 지낸 레노어 제이콥슨(Lenore Jacobson)은 미국 샌프란시스고의 한 초능학교에서 전교생을 대상으로 지능검사를 한 후 검사 결과와 상관없이 무작위로 한 반에서 20% 정도의 학생을 뽑았다. 그 학생들의 명단을 교사에게 수면서 '시적 능력이나 학업성취의 향상 가능성이 높은 학생들'이라고 믿게 하였다.

8개월 후 이전과 같은 지능검사를 다시 실시하였는데, 그 결과 명단에 속한 학생들은 다른 학생들보다 평균 점수가 높게 나왔다. 뿐만 아니라 학교 성적도 크게 향상되었다. 명단에 오른 학생들에 대한 교사의 기대와 격려가 중요한 요인이었다.

이 연구 결과는 교사가 학생에게 거는 기대가 실제로 학생의 성적 향상에 효과를 미친다는 것을 입증하였다.

2. 조직행위 및 경영적인 면에서 영향력과 효과

1) 피그말리온 멘토링 효과
- 맥킨지 커설팅의 발표자료(2000년 스위스 다보스 포럼에서 멘토링에 관한 효과)를 피그말리온 효과와 연결하여 아래 내용으로 보고했다.

먼저 맥킨지 컨설팅 21세기 인재전략 리포트를 소개하면서 말문을 연다. 최근 저서 『인재전쟁』(세종서적 번역간)에서 "멘토링이 인재개발에서 놀라운 힘을 발휘하고 있다"고 극찬하고 있다. 어떤 이유에서일까? 다음과 같이 요약해서 소개한다.

이 책은 맥킨지 컨설턴트들이 5년에 걸쳐 77개 기업과 6,000명 이상의 관리자들을 대상으로 실증적 연구를 해 정성들여 쓴 『인재전쟁(The War for Talent)』이 21세기 인재전략 리포트로서 HRD분야에서 각광을 받고 있으며 오늘날 기업마다 유능한 인재확보를 위해서 치열한 전쟁에 돌입했다는 것과 '인재'라는 이슈의 전략적 중요성과 최고경영자들의 태도변화가 중요하다는 점을 강조하고 있다.

특히 멘토링을 다룬 5장(43p분량) '조직에 인재개발을 정착시켜라'에서 멘토링 시스템을 조직에 제도화해야 한다는 점을 강조하면서 멘토링을 경험한 설문응답자의 말을 빌려 "멘토링이 인재개발에 놀라운 힘을 발휘하고 있다"고 말한다.

2) 피그말리온 멘토링 사례모델
맥킨지 컨설팅은 멘토링이 미치는 힘을 아래 두 가지 상반된 환경에서 성장한

두 사람을 사례를 모델로 선정해서 소개했다. 불우한 가정에서 전혀 배우지 못하고 거리에서 꽃 파는 엘리자와 반대로 부유하고 최고의 학력을 갖춘 인텔리 여성 에밀리 등 두 사람에게 적용한 멘토링은 환경에 구애받지 않고 똑같이 인재개발의 큰 힘을 발휘하고 있다고 보고했다.

(1) 엘리자(Eliza) 이야기

멘토링 활동에서도 멘토(Mentor)가 '피그말리온'처럼 마음속에 강렬하게 기대하고 있으면 멘제(Menger), 즉 상대방이 그 기대에 부응해 주는 현상을 '피그말리온 효과'라고 부른다.

히긴스 교수(英)는 "인재들이 완전히 개발된 상태로 조직에 합류하는 일은 거의 없다"라고 말했다. 사람들은 상당한 잠재력을 가지고 있다. 제대로 영양분을 공급받고 적절한 훈련을 받아야 잠재력을 충분히 발휘할 수 있는 것이다. 이런 점에서 히긴스 교수는 넝마주이 엘리자를 귀부인으로 개발하면서 '멘토링의 놀라운 힘'을 시범으로 보여 주었다.

죠지 버나드쇼의 희곡 <피그말리온(Pygmalion)>에서 넝마를 걸친 런던 토박이 소녀 엘리자는 음성학자인 히긴스 교수의 관심을 끌게 된다. 히긴스는 자신이 돌볼 경우, 엘리자가 영국귀족 영어를 완벽하게 구사하는 숙녀로 변할 수 있음을 증명해 보이리고 그를 맞게 된다. 멘토로서 히긴스는 결국 그의 꿈을 넘어서 성공을 거두고, 그 과정에서 멘제인 엘리자와 자기 자신마저 변화시키게 된다. 바로 우리가 잘 알고 있는 영화 <마이 페어 레디(My Fair Lady)>가 그것이다.

(2) 에밀리(Emily) 이야기

엘리자와는 반대로 에밀리는 영어와 종교학을 복수전공하여 대학을 우등으로 졸업하였다. 그러나 졸업 후 거친 세계에 들어갈 준비가 전혀 되어 있지 않다는 점에서는 엘리자와 마찬가지였다. 졸업 후 그는 기술 컨설팅 회사에 입사했으나 아무도 그녀의 잠재력을 확장할 수 있는 기회를 주지 아니했다. 에밀리는 현재의 직무에서 더 이상 개인적인 도전이나 발전의 기회를 찾을 수 없다는 것을 알고 핫잡닷컴(Hotjobs.com)으로 자리를 옮겼다.

그녀는 나중에 회사의 대변인이 되었으며 컴텍스 컴퓨터 회사로부터 소프트웨어 부문의 영예로운 상을 수상하기도 했다. 다음에 그녀는 제품관리부문의 부사장이 되었다. 개인적 재능과 노력에 의해 에밀리는 성공할 수 있었다. 그러나 성공에는 또 다른 요소의 도움이 있었다. 그녀는 전(前) 최고경영자인 리처드 존슨(Richard Johnson)으로부터 받은 개인적인 격려와 가르침이 없었다면 그렇게 빨리 성공할 수 없었을 것이라고 인정했다.

멘제인 에밀리는 말했다. "내가 처한 상황에서 나는 20년의 경력을 쌓은 멘토인 리차드 존슨처럼 행동할 수 있을 것으로 많은 사람이 기대했다. 나는 마치 멘토의 20년 경력을 단 2년에 농축하여 경험한 것 같은 느낌이 든다."

그렇다. 멘제인 에밀리가 멘토인 존슨으로부터 10배의 놀라운 속도로 경력업무를 숙달한 것은 바로 멘토링의 놀라운 힘을 그대로 보여 준 것이다.

(3) 멘토링 경험자 놀라운 효과

맥킨지 저서 『인재전쟁』에서 멘토링 경험자들은 아래와 같이 설문에 놀라운 답을 하고 있다.

① 멘토링 활동에 자신이 최선을 다했다-95%
② 멘토링 후에 타사로 이직하지 않았다-88%
③ 멘토링이 회사의 성공에 도움이 되었다-97%
④ 멘토링 활동이 그들의 삶을 바꾸었다-50%

(4) 멘토링 활동성공요건

맥킨지 보고서는 멘토링 활동의 성공요건으로 아래 4가지를 들고 있다.

① 한 사람을 소중히 여기고 깊은 애정을 전달한다.

② 멘토링 시스템을 제도화해야 한다.

③ 신중하게 멘토를 선정해야 한다.

④ 각각 사업단위로 멘토링 프로그램을 갖고 있어야 한다.

3. 성경적인 면에서 인간사랑 드라마

성경은 하나님의 인간사랑으로 기대 - 칭찬 - 시련 - 회개 - 구원 등 5단계(5 - STEP)로 이뤄지는 한 편의 드라마다. 여기에서는 구약에서 하나님의 인간 칭찬과 신약에서 예수님의 베드로 칭찬을 사례 모델로 소개한다.

1) 하나님의 인간칭찬 모델

Step	Theme	사랑의 드라마
1	기대 Anticipation	영광 받기를 기대하고 인간을 창조하셨다.
2	칭찬 Praise	인간 창조 후 심히 좋았다고 칭찬하셨다.
3	시험 Test	인간의 자율권으로 타락의 길이 열렸다.
4	회개 Repentance	사랑과 격려로 회개의 길이 주어졌다.
5	구원 Salvation	결국 인간 구원의 드라마를 완성하셨다.

<창 1:27> 하나님이 자기 형상 곧 하나님의 형상대로 사람을 창조하시되.

<창 1:31> 하나님이 그 지으신 모든 것을 보시니 보시기에 심히 좋았더라. 저녁이 되며 아침이 되니 이는 여섯째 날이니라.

2) 예수님의 베드로 칭찬 모델

Step	Theme	사랑의 드라마
1	기대 Anticipation	사람 낚는 어부로 제자 되기를 기대하셨다.
2	칭찬 Praise	신앙고백 후 천국열쇠 주기로 칭찬하셨다.
3	시험 Test	십자가를 앞두고 시험의 함정에 빠졌다.
4	회개 Repentance	수제자답게 회개의 기회가 주어졌다.
5	구원 Salvation	결국 베드로의 구원 드라마를 완성하셨다.

<마 16:15~19> 가라사대 너희는 나를 누구라 하느냐? 시몬 베드로가 대답하

여 가로되 주는 그리스도시요 살아계신 하나님의 아들이시니이다. 예수께서 대답하여 가라사대 바요나 시몬아 네가 복이 있도다 이를 네게 알게 한 이는 혈육이 아니요 하늘에 계신 내 아버지시니라. 또 내가 네게 이르노니 너는 베드로라 내가 이 반석 위에 내 교회를 세우리니 음부의 권세가 이기지 못하리라. 내가 천국 열쇠를 네게 주리니 네가 땅에서 무엇이든지 매면 하늘에서 도 매일 것이요 네가 땅에서 무엇이든지 풀면 하늘에서도 풀리리라.

[성경에서 Role Playing 소재]
1. 욥, 2. 다윗, 3. 에스더, 4. 룻, 5. 모세, 6. 요셉, 7. 나 자신(Self) 적용

2-3. Pygmalion 칭찬플러스 Workshop

피그말리온의 칭찬기법은 먼저 상대방의 눈높이에 맞춘 칭찬기법을 실습하는 과정이다. 먼저 상대방을 4가지 행동유형으로 구분하여 봄형, 여름형, 가을형, 겨울형에 맞게 수준별로 칭찬하는 심리적이고 과학적인 칭찬기법이다.

[Pygmalion 칭찬기법의 특징]
1. 심리적 측면에서 4개의 행동유형별로 칭찬한다.
2. 1:1 멘토링 활동에 적용하여 효과가 높다.
3. 멘토 관점에서가 아니라 상대인 멘제의 관점에 맞게 칭찬한다.
4. 평준화 칭찬이 아닌 특정한 상대 한 사람을 수준별 칭찬한다.
5. 상대를 사전에 알고 칭찬함으로써 감동을 준다.

멘토제도(Mentor Program)는 기업체, 학교, 교회, 군대, 공공기관 등 모든 조직의 구성원들에게 폭넓게 적용할 수 있다. 이런 조직에는 효과적이고, 저런 조직에는 효과적이지 않다고 할 만한 것이 별로 없다는 것을 경험에 비추어 판단할 수 있

다. 다만 멘토제도를 일회성 교육 이벤트 식으로 도입하여 그 후 제대로 프로그램을 유지하느냐, 못 하느냐에 따라 성패가 좌우된다는 것을 알아야 한다.

그러므로 멘토는 멘제에 관하여 날마다 관심을 갖고 준비된 적절한 프로그램을 적용하는 것이 무엇보다도 중요하다는 것은 두말할 필요도 없다. 특별히 피그말리온 게임은 멘토/멘제가 도입 교육 후 일정 기간이 지나면 열이 식어질 가능성을 염두에 두고 활동 촉진 프로그램으로 개발한 것으로 멘토가 멘제에게 기대감과 칭찬 서비스를 제공하여 멘제의 자존감을 높여 줌으로써 멘토링 활동기간에 계속해서 인간관계 활성화와 담당업무 촉진에 크게 기여하는 데 목적이 있는 것이다.

오늘날 조직 관리자들의 스트레스는 실적은 오르지 않고, 부하직원은 말을 듣지 않고, 그렇다 보니 상사로부터 꾸중을 듣게 되어 어려운 경우에 처하게 되는 데서 온다. 관리자 멘토들이 자신이 담당하고 있는 멘제 또는 부하직원에게 아래 내용의 구체적이고도 체계적인 칭찬기술 프로그램인 피그말리온 게임을 통해 새로운 분위기를 시도해 볼 기회를 찾기 바란다.

1. 인간행동 유형 적용 칭찬기법

서양란은 물을 자주 주지 않으면 죽는다. 반면 동양란은 물을 자주 주면 죽는다. 사람 중에도 서양란이 있고 동양란이 있다. 무턱대고 칭찬만 한다고 좋은 것은 아니다. 마찬가지로 다양한 활동 유형을 가지고 있는 조직 구성원들의 각자 활동 유형에 따라 칭찬하는 법을 딜리해시 유형에 맞게 칭찬한다면 보약과 같은 것이다. 그러면 4가지 활동유형에 따른 칭찬법을 이레 내용으로 소개하고자 한다. 참여하는 모든 사람에게 의욕과 열정을 불러일으키는 계기가 되었으면 한다.

- 봄형(SP): 행동유형 - 성취욕이 강함으로 목표를 달성한 순간 바로 칭찬하라.
- 여름형(SU): 자발유형 - 작은 성과에도 감탄사를 붙여서 아낌없이 칭찬하라.
- 가을형(AU): 협력유형 - 아무리 사소한 일이라도 중요한 역할을 했다고 칭찬하라.

- 겨울형(WI): 성실유형 - 구체적인 내용을 짚어서 칭찬하면 2배로 효과가 있다.

1) 봄형(Spring Type, 행동형)

봄형은 야심만만한 행동파로 자신이 생각하는 대로 일을 진행하는 것을 좋아한다. 과정보다는 결과를 중시하고 위험을 두려워하지 않으며 목표 달성을 위해 매진한다. 결단력이 있고 표현방법도 단도직입적이다. 진행속도가 빠르고, 자신의 속도에 상대를 맞추려 한다. 자신의 나약한 모습을 타인에게 내비치는 일이 거의 없고, 감정을 표현하는 데도 서툴다. 타인의 지시에 따르는 것을 무엇보다도 싫어하고, 사람을 통제하려고 한다. 반면, 의리나 인정은 매우 두텁고, 다른 사람을 의지해 오면 거절하지 못하는 점도 있다.

좀 더 이해하기 쉽게 전형적인 봄형을 묘사하면, 상대의 얘기가 조금이라도 길어지면 불만스러운 감정이 얼굴에 드러나며 맞장구가 빨라지고 서두르는 경향을 보인다. 질문에도 쓸데없는 에너지 소비를 줄이기 위해 무척 짧게 대답한다. 자세한 설명을 요구해도 꼭 필요한 최소한의 얘기밖에 하지 않는다. 반면, 질문의 내용과 상관없이 자기가 얘기를 시작하면 성이 찰 때까지 달변을 늘어놓기도 한다. 인사치레를 하거나 애교 띤 웃음 짓는 일은 거의 없고, 다소 거리감이 느껴지는 빈틈없는 표정을 짓고 있는 경우가 많다.

2) 여름형(Summer Type, 자발형)

여름형은 자신의 독창적인 아이디어를 소중히 여기고, 타인과 활동성 있는 일을 함께 즐기는 것을 좋아한다. 맺고 끊는 것이 확실하고, 또 능숙하기도 하다. 매사에 자발적이고 에너지가 넘치며, 호기심도 강하고 즐거운 인생을 꿈꾸고 지향하기 때문에 사람들이 대부분 그를 좋아한다. 새로운 일을 시작하는 것은 잘하지만, 중장기 계획을 세우거나 계획대로 진행하는 데는 서툴다. 타인과 관계에서는 감정 표현이 풍부하고 말할 때 몸짓이나 손짓이 큰 것이 특징이다.

전형적인 여름형은 말을 잘한다. 이야기 전개가 매우 빨라, 어떤 한 가지 일에 대해 얘기하고 있는가 하면 어느새 다음 화제로 옮겨 가 있기도 하다. 몸짓과 손짓이 크고 의성어와 의태어, 그리고 '진한 감동이 느껴지는', '단번에 가자!'라는 표현을 자주 쓴다. 기분을 항상 솔직하게 표현하며, 표정이 무척 풍부하다. 가만히 꼼짝 않고 있는 일이 거의 없고, 언제나 여러 사람에게 말을 걸거나 여기저기 돌아다닌다. 모임에서는 화제를 이끌어 나가는 중심에 있는 경우가 많다.

3) 가을형(Autumn Type, 협력형)

가을형은 타인을 돕는 것을 좋아하고 협력관계를 소중히 여긴다. 주위 사람의 기분에 민감하고, 배려도 잘 한다. 일반적으로 사람을 좋아한다. 자기 자신의 감정은 억제하는 편이고, '노(No)'라는 말을 가능한 한 피하는 경향이 있다. 자신이 내놓는 제안이나 요구에 대해 소극적이다. 또한 사람들로부터 인정받고 싶다는 욕구가 강한 것이 특징이다.

전형적인 가을형은 이른바 '착한 사람'으로, 상대가 하는 말에 빈번하게 맞장구를 치면서 귀를 기울인다. 질문을 던져도 엉뚱한 답변을 한다거나 자기 방어를 위해 대답을 최소한으로 줄이지는 않는다. 상대가 의도한 대답을 들려주려고 애쓴다. 얘기하기에 앞서 '전에 들은 적이 있을지도 모르지만'이라는 서두를 붙이는 경우가 많고, 얘기한 다음 상대의 기대에 부합하는 대답을 했는지 확인하는 경향이 있다. 함께 있으면 상대가 기분 좋게 시간을 보낼 수 있도록 무척 신경을 쓴다.

4) 겨울형(Winter Type, 성실형)

겨울형은 행동하기 전에 낳은 정보를 모으고, 분석하고, 계획을 세운다. 일을 객관적으로 처리하는 능력이 뛰어나고, 매사에 성실한 모습을 보인다. 또 완벽주의자여서 실수를 싫어한다. 반면 변화에는 약하고 행동은 신중하다. 사람과의 관계도 신중하고, 감정을 겉으로 드러내는 일이 거의 없다. 조언자나 해설자와 같은 '방관자'가 되기 싶다.

전형적인 겨울형은 말할 때 신중하게 단어를 선택한다. 봄형처럼 생각에 앞서 먼저 입을 여는 일이 없고, 생각을 잘 모으고 정리하여 결론을 이끌어 낸다. 게다가 질문을 받으면 그 자리에서 바로 대답하지 않기 때문에 다소 반응이 더딘 편이다. '글쎄요', '그런가요?' 등 시간을 벌기 위한 말을 많이 한다. 감정 표현도 '너무 기뻐!'와 같이 직접적인 것이 아니라 '그때는 꽤 기쁘다고 느꼈지요'처럼 객관적인 표현을 주로 사용한다.

차분히 생각하는 경우가 많아 대개 표정은 차갑고 때로는 의식이 깨어 있는 사람으로도 보이기도 한다.

이상으로 네 가지 인간형에 대해 알아보았다. 그런데 예를 들어 어떤 사람이 봄형이라고 해서 그 사람이 봄형 행동의 면모만 갖고 있다고는 말할 수 없다. 당연히 다른 유형의 요소도 겸해서 갖추고 있다. 그러나 네 가지 유형의 특징을 편중됨 없이 골고루 갖추기는 힘들다. 사람에 따라 비교적 경향이 두드러지는 유형이 한두 개 정도는 있는 것 같다.

2. 인간행동 유형 구분 Workshop

여기, 자신이 어떤 인간형에 속하는지 판단할 수 있는 간단한 테스트를 준비했다. 멘토/멘제나 가족 또는 가까운 사람을 머릿속에 떠올려 진단해 보는 것도 좋을 듯싶다. 아래 유형은 완전하지 않지만 20항목이다. 어느 정도 경향을 살필 수 있을 것이다. 평소에 당신의 인간관계나 사고방식 및 현장 활동을 떠올리면서 아래 항목을 읽고 해당되는 숫자에 O표를 하라. 직장을 비롯해 생활상에서 드러나는 역할을 조금 벗어나, 본래의 자신은 어떠한가에 초점을 맞추어서 판단하라.

NO	인간유형 설문 항목	설문 진단 점수			
		1	2	3	4
1	자기주장을 하는 데 서툴다고 생각한다.				
2	평소 미래에 대한 열정을 갖고 있는 편이다.				
3	타인을 위해 한 일에 대해 고맙다는 인사를 받지 못하면 불쾌하게 생각하는 경우가 자주 있다.				
4	싫은 것은 싫다고 분명하게 말할 수 있다.				
5	타인에게는 좀처럼 경계를 풀지 않는다.				
6	타인에게 유쾌한 사람이라는 말을 곧잘 듣는다.				
7	짧은 시간에 가능한 한 많은 것을 하려고 한다.				
8	실패하고 다시 훌훌 털고 일어나는 것이 빠르다.				

NO	인간유형 설문 항목	설문 진단 점수			
		1	2	3	4
9	타인의 부탁을 여간해서는 거절하지 못한다.				
10	많은 정보를 검토하고서 결단을 내린다.				
11	타인의 얘기를 듣기보다는 자신이 얘기하는 경우가 많다.				
12	낯가림을 하는 편이다.				
13	남과 자신을 자주 비교한다.				
14	변화에 대처하는 적응력이 뛰어나다.				
15	감정을 표현하는 데 서툴다.				
16	상대의 기분이 어떻든 다른 사람을 잘 돌보는 편이다.				
17	생각한 바를 직접적으로 말한다.				
18	일의 성과에 대해 사람들에게 인정받고 싶다.				
19	경쟁심이 강하다.				
20	무엇이든지 완벽하지 않으면 성이 차지 않는다.				

· 1＝딱 들어맞는다, 2＝들어맞는다, 3＝별로 해당되지 않는다, 4＝해당되지 않는다

1) 진단방법

20개 항목에 자신의 점수를 표시했으면, 각 인간형에 대한 항목의 점수를 각각 더한다. 각 인간형에 해당하는 항목은 아래와 같다.

봄 형	4	7	17	19	20	합계
여름형	2	6	8	11	14	합계
가을형	3	9	13	16	18	합계
겨울형	1	5	10	12	15	합계

2) 자신의 인간유형 점수계산방법 (3)＝(1)−(2)

활동 유형	(1) 설문진단 점수합계	(2) 기준점수	(3) 차감 내 점수
내 봄형 점수		11	
내 여름형 점수		12	
내 가을형 점수		12	
내 겨울형 점수		13	

3) 진단결과

2)의 3)에서 얻은 각각의 점수를 다음 그래프에 O표로 표시하라. 그래프에서 가장 수치가 높은 것(＋쪽이나, －쪽이나 관계없이 높은 수치)이 비교적 강하게 두드러지는 그 사람의 인간형이라고 할 수 있다.

활동 유형	-6	−5	−4	−3	−2	−1	0	1	2	3	4	5	6
봄형													
여름형													
가을형													
겨울형													

*이 테스트는 어디까지나 경향을 판단하기 위한 것이지 각 항목의 점수가 우열을 가리기 위한 용도는 아니다.

2-4. 인간행동 유형별 칭찬 기술

1. 봄형(SP) 멘제 칭찬하기

다음 대화의 예를 살펴보자. 그리고 무엇이 문제인가 살펴보도록 하겠다.

멘토: 최근 영업 활동을 아주 열심히 하고 있다는 평판이 돌더군.

멘제: 고맙습니다.

멘토: 자네는 프레젠테이션 능력도 선천적으로 타고났어.

멘제: 네?

멘토: 자네 후배도 자네가 함께 있으면 안심하지 않나?

멘제: 뭐, 꼭 그렇지도 않습니다.

멘토: 아냐, 자네만 있으면 모든 공모전은 휩쓸게 될 거라고 생각하던걸.

멘제: 글쎄요, 그렇지도 않은 것 같습니다만.

멘토: 어쨌든 앞으로 열심히 해 주게. 기대하겠네.

<봄형 멘제에게는 그가 속한 팀 전체를 칭찬하라>

멘토는 멘제에게 칭찬을 해 줌으로써 동기부여를 하려 한다. 그러나 이런 과잉 칭찬은 봄형에게는 좀처럼 먹혀들지 않는다. 전형적인 봄형은 무엇보다도 '주도당하고 싶지 않는다'는 경향이 강하다. 그래서 상대가 지나친 인사치레로 들릴 만한 표현을 사용하면, 일단 칭찬해서 기분을 띄워 놓은 다음 자기 뜻대로 유도하려는 것이 아닐까―다시 말해 조정하려는 것이 아닐까 하고 그 저의를 읽어 내려 애쓴다. 따라서 너무 지나치게 칭찬은 봄형에게는 별로 효과적인 칭찬기술로 볼 수 없다. 그럼, 어떻게 하면 효과적으로 봄형을 칭찬할 수 있을까?

우선 그 사람 개인이 아니라 그가 속해 있는 팀에 일하는 모습이나 분위기에 대해 칭찬하는 것이 좋다. '자네 팀의 k 씨는 요즘 실적이 꽤 좋더군' 혹은 '자네 팀은 일에 대한 열정이 다른 팀보다 훨씬 뛰어나더군'처럼 말이다. 이런 칭찬은 봄형의 내면에 생길 수 있는 '조정당한다'는 느낌을 일시에 날려 준다. 특히 봄형의 멘제가 팀 리더라면 리더의 역량을 인정받고 싶은 마음이 강하기 때문에 그러한 칭찬으로도 가능하다고 볼 수 있다

<강한 성취욕을 가진 봄형 멘제는 목표 달성 순간에 자연스럽게 칭찬하라>

멘제의 출신학교에 대해 칭찬해도 좋고, 담당하고 있는 고객에 대해 칭찬해도 좋고, 가족에 관해 언급해도 좋다. 그 사람 자신이 아닌 그 주변을 대상으로 칭찬 공세를 펼쳐 보도록 하자. 이것이 우선 하나의 방법이다. 만약 그 사람 개인의 성과에 대해 인정해 주고 싶다면, 그 사람이 어디까지 가겠다고 설정한 그 목표를 달성한 순간 과장하지 말고 중립적인 입장에서 '잘했네' 하고 칭찬하는 것이 효과적이다.

강한 성취욕을 타고난 봄형에게 임무 도중에 '대단하다'고 말하면 '이 사람은 잘 모르는군. 그게 나의 최종 목표가 아니라는걸' 하며 반발을 초래할 수 있다. '달성한 순간에 딱 맞춰서 자연스럽게!' 이것이 그에게 잘 먹히는 칭찬 기술이다.

<봄형 인간에게는 단호하고 정직하게 껄끄러운 말을 해 보라>

그리고 마지막으로 하나 더 말하자면 단도직입적으로 '껄끄러운 문제'를 전달하는 것이 봄형에게는 놀라울 만큼 효과적인 반응을 유도할 수는 있는 기술이기

도 하다. 그러한 상황이 전개될 때 일반적으로 봄형 인간은 타인을 별로 믿지 않는다. 항상 상황을 주도하고 싶어 하기 때문에, 과격한 표현을 빌리자면 타인의 배신에 매우 민감하다. 그런 사람에게 말하기 껄끄러운 상황을 무릅쓰고, 게다가 들으면 얼굴 굳힐 게 뻔한 부정적인 사항을 솔직히 지적해 주는 것이다. 그러면 봄형은 '이렇게까지 나를 염려해 주고 있구나' 하고 생각하게 된다. 진심으로 나를 염려해 주고 있다고.

어떤가? 주변에 가까이 다가가기 힘든 분위기를 자아내는 멘제가 있는가? 그러한 사람에게 단호하고 정직하게 '쓴소리'를 전달해 보는 것은 어떨까? 물론 '당신을 돕고 싶다'는 마음을 담아서 말이다.

2. 여름형(SU) 멘제 칭찬하기

봄형과는 달리 칭찬을 들으면 들을수록 기분이 상승하는 것이 여름형이다. 그들은 칭찬을 받더라도 상대가 무슨 생각을 하고 있는지 알아내려는 경향은 보이지 않는다. 다른 사람이라면 그저 인사치레려니 하며 잠시 저항감을 가질 만한 칭찬도 아무런 문제가 되지 않는다. 여름형은 대부분 칭찬을 순수하게 받아들인다.

여름형의 에너지원은 뭐니 뭐니 해도 자신을 향한 주위의 '관심'이다. 어떤 표현이든 상관없다. 스포트라이트를 받으면 그것으로 '만사 OK'이기 때문이다. 극단적인 표현을 빌려 '덩치 값 하는군!'이라고 풍채를 칭찬해도 '그런가?' 하며 웃음을 터뜨리는 것이 여름형이다. 멘토링 데이(Day) 때 멘토/멘제로 참가자들은 네 가지 유형으로 나눠 토론을 하면 효과적일 것이다. 주제는 '동기부여가 잘 될 때와 그렇지 않을 때' 등으로 정하면 좋다. 여름형 팀에게 이 테마를 발표하게 한 다음, 서로가 여름형이 좋아할 만한 포인트를 몇 가지 지적해 주면 더욱 토론의 열기가 더해 갈 것이다.

<여름형은 보통 순수하므로 감탄사를 붙여서 아낌없이 칭찬하라>
여름형에게 동기부여를 하려면 매일 한 가지라도 좋으니 감탄사를 붙여서 칭

찬해야 한다. 이유는 없어도 된다. 어쨌든 칭찬을 아끼지 마라. 월요일에는 '대단하네!' 화요일에는 '천재구만!' 수요일에는 '최고야, 최고!' 목요일에는 '자네 밖에 없네!' 금요일에는 '자네뿐이야!' 하라. 주말에도 '자네한테 완전히 위임할 테니 맘대로 펼쳐 봐!'라는 메일을 보내라. 이렇게 하면 여름형 동기부여는 절대 저하되지 않는다.

특별히 누군가의 이름을 거론해 '천재야!'라고 말한 것도 아닌데 여름 팀은 일반적으로 그러하다는 얘기를 하고 있음에도 불구하고, 전원이 마치 자신에 관해 언급한 듯 싱글벙글 좋아한다. 그만큼 이런 표현에 '약하다'는 것이다.

반복하는 말이지만, 여름형에게는 아무튼 칭찬을 하자. 관심을 보이자. 가령 칭찬할 만한 점을 발견하지 못했다 해도 우선은 덩치라도 칭찬해 주자. 이 말은 뒤집어 말하면 여름형은 자신의 존재를 부정당하는 것에 약하다는 뜻이 된다.

<여름형은 이상적인 자기 이미지를 갖고 있으므로 부정적인 메시지는 전달하지 않는 것이 좋다>

여름형은 이상화된 자기 이미지를 분명히 갖고 있는 사람이 많기 때문에, 특히 스스로 잘 될 것으로 생각한 아이디어를 부정당하면, 그것을 계기로 분발하기보다 오히려 움츠러들어 행동이 정체되는 경우가 많다. 따라서 가능하면 부정적인 메시지는 전하지 않는 것이 좋다. 상대의 방식에서 뭔가 하나라도 긍정적인 부분을 찾아내고, 그것을 더욱 잘 살리려면 이렇게 하는 게 좋지 않을까 하는 제안을 평소에 해야 한다. 그것이 여름형에게 조언할 때의 철칙이다. 여름형에게는 '속는 셈 치고 단 일주일이라도 좋으니까 칭찬해 보나' 그러면 일주일 뒤, 놀랍게도 바뀔 것이다.

3. 가을형(AU) 멘제 칭찬하기

가을형 멘제에게는 현재하고 있는 일에 대하여 인정해 주는 것이 효과적이다. 이 유형은 무의식중에 자신이 쏟은 애정에 대해 상대의 보답을 바라는 경향이 있다. 상대가 그것을 평가해 주지 않으면 노여움으로 바뀌어 과격하게 공격하는 경우도 있다.

그리고 가을형은 주위의 기대에 부응하려고 꾸준히 노력하지만, 그 노력을 인정받기를 바란다는 강한 메시지는 좀처럼 보내지 않는다. 그렇지만 사실은 상대가 그 노력을 평가해 주는지 어떤지 호시탐탐 관찰하고 있으며, 만약 상대가 그 노력을 가볍게 취급하면 큰일이 벌어지기도 한다.

현실적으로 살펴보더라도 봄형 경향이 강한 정치지도자들, 또한 기업·학교·교회·군대·공공기관 등 조직의 CEO들이 가을형 경향이 강한 측근이나 가신, 참모나 임원들을 제대로 칭찬하지 못해서 그 조직이 문제가 생기고 급기야는 와해가 되는 상황이 자주 일어나는 것을 볼 수 있다.

<가을형 인간은 자신이 쏟은 노력을 상대방이 인정해 주기를 무의식적으로 기대한다>

기업체에서 갑자기 사표를 던지는 사 원중에는 가을형이 압도적으로 많은 것을 볼 수 있다. 이는 스트레스를 누르다가 더 이상 쌓아 둘 수 없어 어느 날 갑자기 돌변해 버리는 것이다.

봄형에는 그런 일이 별로 없다고 한다. 불평이나 불만이 있으면 평소에 비교적 기탄없이 말하기 때문이다. 조직에서 가을형의 측근들이 어느 날 갑자기 그만두겠다는 얘기를 꺼내 어찌할 바를 모르고 당황하는 경영자들을 지금까지 많이 보았다.

가을형은 '시험하지 말라'고 말하고 싶다. 가을형에게 일을 주면 아무리 사소한 것이라도 '정말 도움이 됐다, 고맙다' 하고 칭찬해야 한다. 다른 사람의 기대에 부응하고, 협력하고 싶다고 생각하는 가을형에게는 될 수 있는 한 감정을 말로 표현해 주어야 한다. 도와주어서 고맙다고, 기쁘다고, 정말로 도움이 되었다고 빈번하게 메시지를 전하는 것이다.

가을형은 자신이 받는 칭찬이 적어지면 다른 타입보다 훨씬 내면의 불안감이 커진다. 멘제가 혹시 마음속에 불만이 쌓이고 있지 않은가? 그 원인이 적절한 칭찬이 뒤따르지 못한 원인이 아닌가? 멘토는 유심히 관찰해 볼 필요가 있다.

4. 겨울형(WI) 멘제 칭찬하기

　혹시 주위에 이런 사람은 겨울형이다 싶은 사람이 없는가? 있다면 그 사람에게 지금까지 시도해서 좋은 결과를 낳는 칭찬기술은 어떤 것이 있는가? 여러 가지 시도해 봤지만 좋은 결과를 얻지 못한 사람도 많을 것이다. 겨울형을 칭찬하려면 다른 어떤 타입보다 관찰이 필요하다.

　겨울형은 여름형에게 하듯 '불쑥' 칭찬해서는 거의 효과가 없다. 그런 말을 하는 근거가 무엇인지 살피는 듯한 표정을 짓는 경우가 많다. 굳이 칭찬이라는 형태를 빌리고 싶다면 구체적으로 어떤 부분이 좋았는지 명확하게 짚어 주어야 한다. 그래야 상대는 비로소 칭찬을 받았다고 생각한다. 스포트라이트를 필요로 하는 여름형과 달리, 겨울형에게 필요한 것은 자신의 '전문성에 대한 인정'이다. 그래서 조금 까다롭게 느껴질지도 모른다.

<겨울형을 칭찬할 때는 구체적으로 어떤 점이 좋은지 지적하라>

　예를 들어 프레젠테이션을 하러 멘제와 함께 거래처를 방문했다고 하자. 그때 멘제가 프레젠테이션을 무척 잘했다고 하자. 만약 그가 여름형이라고 하면 '오늘 정말 대단했어! 자넨 천재야!'라고 칭찬하는 것만으로 충분히 칭찬기술의 효과를 볼 수 있다. 그러나 그 멘제가 겨울형인 경우는 이런 칭찬방법이 오히려 의구심을 부르기도 한다. '내 프레젠테이션에 대해 이해는 하고 있는 걸까?' 하고 말이다. 따라서 어디가 좋았는지, 왜 좋았는지를 가능한 힌 구체적으로 전달해야 하는 것이다.

　"오늘 프레젠테이션이 좋았어. 특히 다른 회사와 비교한 사례는 눈길을 끌더군. 듣고 있자니 무척 이해하기 쉽게 설명하더라고. 파워포인트 사용도 잘했고. 속도감도 있어서 좋았어." 이렇게 전달해야 비로소 그 멘제는 인정받았다고 생각한다.

　겨울형에 대한 칭찬기술에서 또 하나 중요한 것은 상대의 속도감을 존중하는 것이다. 자신의 페이스를 인정받았다는 사실이 그에게는 무척 큰 자부심으로 느껴지게 된다. 다음의 사례를 참고하라. 관리자 멘토십 연수과정에 참석한 한 과장 멘토의 말을 빌리면 겨울형 멘제가 있는데 지금까지 면담을 해 봐도 별로 얘기를 하지 않았다. 질문을 해도 시큰둥할 뿐이니 그만 조바심이 나서 제가 먼저 결론을 내 버렸다. 하지만 이번 면담에서는 지난번 연수에서 배운 칭찬기술을 실천해 봤다. '겨울형에게는 생각할 시간을 주는 게 좋다'는 명제를 적용해 봤다. 사전에 구체적으로 이러이러한 것에 대해 듣고 싶다는 포인트를 적어 메일로 보냈다. 그랬더니 그날로 A4 용지 가득 나름대로 생각을 정리해서 보내 왔다. 게다가 지금까지와는 달리 그 뒤로 많은 얘기를 해 주었다.

<겨울형은 업무에 대해 스스로 생각할 시간을 주어라>

겨울형은 어차피 할 거라면 자신의 생각을 가능한 한 정확히 정리해서 얘기하고 싶어 하는 경향이 있다. 그렇기 때문에 출력에 다소 시간이 걸린다. 이 시간을 배려해 주면 겨울형은 자신이 존중받고 있다고 생각한다.

상대의 페이스를 존중해 주고, 때로는 그의 전문성에 대해 제대로 가치 인정을 해 준다. 이것이 냉랭한 겨울형의 기분을 파악하기 위해 빼놓을 수 없는 인정과 칭찬기술이다.

2-5. Best Model 기분 좋은 칭찬기술 7가지

<자료제공: http://blog.daum.net/hl2ru/17488144. Simon Lee>

칭찬은 분명 사람을 기분 좋게 하는 최고의 기술이다. 다른 사람의 기분은 물론 나의 기분까지도 좋게 만드는 기분 좋은 휘파람이다. 이 멋진 휘파람은 사람과 돈과 명예를 한꺼번에 모을 수 있는 신비의 주문으로 신께서 누구나 쉽게 사용할 수 있도록 우리의 가슴속에 넣어 두셨으나 이것을 꺼내어 제대로 사용하는 사람은 거의 없다. 신이 주신 큰 선물 칭찬의 7가지 요령을 소개한다.

1. 웃으며 하라!

2. 구체적으로 하라!

3. 공개적으로 하라!

4. 상황에 맞게 하라!

5. 스킨십을 사용하라!

6. 자신 있게 하라!

7. 칭찬도 학문이다 끊임없이!

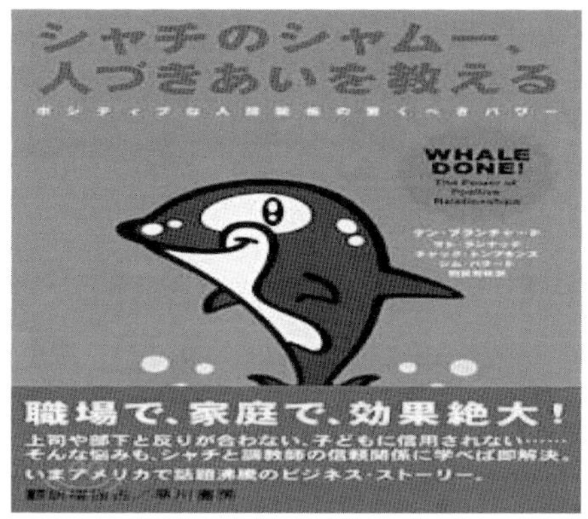

1. 웃으며 하라!

칭찬 내용도 중요하지만 나의 감정을 어떻게 전달하느냐가 가장 중요한 포인트이다.

만약 무표정한 얼굴과 무미건조한 목소리로 칭찬을 한다면 마치 놀리는 듯한 느낌을 갖게 될 것이다.

웃음과 칭찬은 가장 훌륭한 파트너이다.

2. 구체적으로 하라!

우리가 칭찬을 하다 보면 그냥 형식적으로 하는 경우가 대다수이다. 예를 들면 "눈이 예쁘세요." "아름다우시네요!"라고 칭찬한다.

물론 안 하는 것보다는 낫지만 감동을 동반한 큰 효과는 기대하기 어렵다.

칭찬에 구체적인 이유를 설명하자!

"눈동자가 정말 크시네요! 연예인 누구처럼 청순해보이세요.^^"

"아름다운 얼굴과 오늘 입으신 패션과 너무 잘 어울리시네요~"

"얼굴만 예쁘신 게 아니라 패션 감각도 뛰어나시네요.^^"

라고 칭찬한다면 전자보다 훨씬 큰 효과를 기대할 수 있다.

우리가 옷을 고를 때 세련된 옷을 고르는 것처럼 칭찬 또한 세련된 칭찬을 원한다.

세련된 칭찬의 시작이 구체적인 칭찬이다

3. 공개적으로 하라!

"비난은 비공개적으로, 칭찬은 공개적으로 하라!"
라는 말이 있다.
칭찬은 많은 사람 앞에서 할수록 효과가 크다는 것이다.
사무실이나 매장에서 이 공개적인 칭찬을 시상식이라든지 이벤트와 함께한다
면 놀라운 변화를 경험하게 될 것이다.
공개적으로 하라!
칭찬이 행복의 스피커를 타고 더욱더 멀리 퍼질 것이다.

4. 상황에 맞게 하라!

아무리 좋은 칭찬도 때와 장소와 상대방에 맞추어 하지 않는다면 배부른 상태의 진수성찬처럼 오히려 상대방에게 고통으로 다가간다.

예를 들면 눈이 작은 사람에게

"어머! 눈이 참 시원하게 생기셨어요. ^ ^"라고 말하자 그 사람이 죽일 듯이 "야! 너 나한테 시원하게 맞아 볼래? 내가 네 척추뼈 번호 재배열해 줄까?"라며 퍼붓는다.

칭찬에는 상황을 살필 수 있는 레이더가 반드시 필요하다.

5. 스킨십을 사용하라!

　우리는 어렸을 때부터 어머니의 따뜻한 스킨십에 익숙해져 있다.

　따라서 칭찬할 때 스킨십이 더해진다면 그 효과는 더욱 클 수밖에 없다.

　물론 과도한 스킨십, 특히 이성 간에 무리한 스킨십은 불쾌감을 심어 줄 수 있지만 적절한 스킨십은 패션을 빛내는 액세서리처럼 나의 칭찬을 더욱 빛나게 할 것이다.

6. 자신 있게 하라!

대부분 칭찬을 제대로 하지 못하는 이유는 상대방이 안 좋은 반응을 하면 어떻게 하나 하는 두려움 때문이다.

부산 미용실에서 나이는 30대이고 외모는 말 그대로 아저씨처럼 생긴 친구가 20대 여성손님이 계산을 끝내고 나가려고 하자

"손님 지금 나가시면 해님이 부끄러워 도망갈 것 같아요"라고 능글스럽게 이야기한다. 옆에 직원들은 인상을 구기며 닭살을 긁기 시작하지만 손님은 신기하게도 아무렇지 않은 듯 웃으며 나간다.

두려워 말자! 진심으로 하는 칭찬은 반드시 효과가 있다.

자신 있게 멋진 칭찬을 선물하라!

더욱더 멋있는 선물로 돌아올 것이다.

7. 칭찬도 학문이다. 끊임없이 연습하라!

  일본의 한 은행장은 자신의 직접 만든 칭찬 360가지를 만들어 직원들에게 나눠 주고 암기하게 해서 고객에게 사용하게 했다고 한다.

  그 결과 위기에 처했던 은행이 1년 만에 우량은행으로 재탄생하게 되었다.

  칭찬의 중요성은 누구나 알고 있으나 연습하고 노력하는 사람은 거의 없다.

  영어단어를 가장 쉽게 외우는 방법은 연습뿐이다.

  칭찬도 오늘부터 아니 지금부터 연습하고 실행하자!

  훈련된 칭찬은 성공과 행복을 잡을 수 있는 튼튼한 올가미이다.

제 2 부
멘토링 감성기술(Skill) 개발

제2부에서는 한단계 높은 전문 기술로 감성기술과, 창의 기술과 열정기술을 다루었다.

참고로 잠재능력은 거의 무한대해서 보통사람은 5%, 노벨상수상자는 10%, 에디슨은 15%개발했다는 자료다. 특히 아인슈타인은 "인간은 잠재능력의 10%밖에 사용하지 않는다"라고 말했다.

멘토링에서 타인배려 차원에서 핵심기술을 개발함으로 다양한 멘토십을 발휘 함으로서 특히 멘토와 멘제 상호간 멘토링 활농에서 싱공률을 높이는 기술로 활용된다.

제1장 감성(Emotional)기술 개발

제2장 창의(Creativity)기술 개발

제3장 열정(Passion)기술 개발

제1장
감성(Emotional)기술 개발

감성지수 또는 감정적 지능지수라고도 한다. 지능지수(IQ)와는 질이 다른 지능으로, 마음의 지능지수라고 할 수 있다. 심리학 저술가인 다니얼 골면(D.Goleman)이 저서 『감성지능(Emotional Intelligence)』에 제시하면서 대중화되었다.

[Daniel Goleman 감성지능]

① EQ 감성지능

자신의 감정을 읽고 스스로를 정확하게 평가하면서, 파괴적인 감정과 충동을 통제하는 등 자신을 다스리는 능력, 동시에 다른 사람의 감정을 헤아리는 사회적 능력까지도 포함한다. 타고나는 게 아니라 교육과 훈련에 의해 길러질 수 있다.

② SQ 사회지능

감성지능을 복잡한 사회관계로 확대한 개념. 사회지능이 키워드는 '감정이입'이다. 감정이입을 통해 다른 사람들의 관점과 감성을 이해하고 그들과 공감하면서 타인을 배려하고 좋은 관계를 형성해 나가는 능력을 말한다.

③ EQ 에코지능

감성지능을 자연으로 확장한 개념이다. 부풀린 '그린 마케팅'이 난무하는 시대에, 제품이 생산되는 전 과정을 조망하면서 진정한 친환경 제품의 생산을 유도해낼 줄 아는 똑똑한 소비자의 능력을 뜻한다.

INDEX

1-1. 오늘날 감성리더십의 필요성

감성지수 또는 감정적 지능지수라고도 한다. 지능지수(IQ)와는 질이 다른 지능으로, 마음의 지능지수라고 할 수 있다. 심리학 저술가인 다니얼 골먼(D.Goleman)이 저서 『감성지능(Emotional Intelligence)』에 제시하면서 대중화되었다.

[EQ 개념(Concept)]

EQ는 자신과 다른 사람의 감정을 이해하는 능력과 삶을 풍요롭게 하는 방향으로 감정을 통제할 줄 아는 능력을 의미한다.

[EQ 내용 (Contents)]

1) 자기감정이해 능력(Self‑Awareness)

이것은 말 그대로의 의미로서 자기 자신을 의식하고, 인식하며, 자신의 삶, 특히 자신이 가지고 있는 감정을 인지한다는 뜻이다. 이것은 다음 단계로 나아가기 위한 능력의 토대가 된다.

2) 자기감정 조절 능력(Self‑Regulation)

자신의 기분과 감정을 제대로 파악하고 조절하는 능력이다. 스트레스 상황에서도 과민해지지 않고 차분하며, 불안한 감정으로부터 자신을 효과적으로 방어할 수 있으며, 부정적인 감정상태를 신속하게 치유하는 능력을 의미한다. 이렇게 함으로써 동기유발 능력이 형성된다.

3) 자기 동기부여 능력(Self‑Motivation)

부지런하고 끈기 있게 한 가지 과제에 몰입하여, 낙담하지 않고 무언가가 잘못되었을 때도 용기를 잃지 않고 추진하는 능력이다.

따라서 감성지능의 첫 세 가지 능력은 개인의 인격, 즉 개인의 자아와 관련된 것들이다. 즉 자기 자신을 인식하고, 자신의 기분을 적절히 통제하며, 스스로 동기를 부여할 수 있는 능력이다.

4) 타인의 감정이해 능력(Empathy)

타인의 감정이입으로 타인이 느끼는 것을 공감하고 이해하는 능력을 의미한다. 공감적 이해력은 동정심과 다소 유사한 점이 있으나 차이가 많다. 동정심이란 타인과 함께 느끼고 괴로워하며 연민의 감정을 교감하는 것이다. 반면에 공감적 이해력은 스스로 타인의 입장이 되어 느낄 수 있는 능력으로서, 심지어는 우리가 동정심이 없다고 생각하는 사람까지도 그렇게 할 수 있는 능력이 있다. 가령 어린이 유괴범을 설득하여 문제를 해결한 경찰 심리학자는 매우 훌륭한 공감적 이해력을 지녔지만, 그렇다고 해서 그가 그 유괴범에게 동정심을 느끼는 것은 아니다.

5) 타인과 인관관계 사회적 능력(Social Skill)

인생의 구경꾼으로서 다른 사람들을 바라보거나 관찰하는 것이 아니라 그들과 함께 세상살이에 적극적으로 참여하고 더불어 살아가는 능력이다. 즉 타인과 훌륭한 관계를 유지하며, 이런 대인관계를 통해 삶의 기쁨을 느끼고, 사람들과 함께 살아가는 능력이다.

[EQ의 효과(Effects)]

EQ가 높은 사람은 갈등 상황을 만났을 때 그 상황을 분석하고 자신의 처지를 정확하게 인식할 수 있는 능력을 갖추고 있다. 감정적 대응을 자제함과 동시에 다른 사람에 대한 공감적인 이해를 나타낸다. 골맨은 이런 태도를 '정서 면에서의 지성'이라 하고 그 육성의 필요성을 강조했다. 미국의 교육학자들도 친구들과 잘 어울려 놀지 못하는 아이가 학교를 중퇴할 확률이 평균보다 8배나 높다는 사실을 지적하며, 유아기부터 EQ를 키우는 감정교육을 실시하도록 권고하고 있다.

[EQ 성공사례(Case Study)]

　원래 인간은 이성과 감성이 하나로 결합되어 행동하는 존재이지만, 현대적 기업조직과 산업 사회가 도래하면서 감성이 철저하게 억압되었다. 즉 기복이 심하고 통제가 어려운 개인의 감성이 기업조직의 생산적 활동을 방해한다는 생각이 지배적이었다. 대량생산 조직에서 노동자들에게 요구되는 지능이라고는, 자신의 단순반복 작업을 통해 올리는 성과가 얼마의 임금으로 환산될 것인가를 계산하는 능력뿐이었다.

　그러나 이런 이성지능 중심의 기업경영에는 많은 문제와 한계가 있다는 비판이 1920년대 말부터 제기되기 시작했다. 1910년대에 과학적 관리법과 대량 생산 체제의 확산으로 노동자들의 소득이 10여 년 만에 5배 넘게 증가했다. 그럼에도 회사와 경영진에 대한 불만이 고조돼 심각한 사회문제를 초래했다. 이에 경영 컨설팅의 시조격인 엘튼 메이요(Mayo) 등은 종업원의 정서적 요소가 경영에서 중요한 요소임을 주장하기 시작했다. 그 결과로 회사에 인사부서가 생기는 등 상당한 변화가 일어났다.

　1940년대 조직이론의 거장인 필립 셀즈닉(Selznick)을 비롯하여 1950~60년대 인본주의 경영학자인 아브라함 매슬로우(Maslow), 1970~80년대 내재적 동기를 중심으로 한 직무재설계를 제시했던 해크만(Hackman) 등이 감성지능의 중요성을 꾸준히 제기헸다.

　따라서 기존 강점을 방어하고 유지하려는 기업들은 급속하게 몰락하고, 누구도 시도한 적이 없는 새로운 가치를 공격적으로 만들어 내는 창조적 기업이 주도하는 시대가 됐다. GM·코닥·씨어즈·MS·도요타 등 전통적 초우량기업들이 기울고, 애플·구글 등이 그 자리를 대신한 것이 대표적인 예이다.

　이런 관점에서 조직 구성원들을 관리하는 방식도 근본적으로 달라지고 있다.

과거에는 하루 8시간의 근무시간을 최대한 효율적으로 활용하기 위해 숨 쉴 틈 없이 과업을 수행하게 했다면, 애플·구글·아이데오 같은 회사는 내부 공간도 마치 놀이터나 카페처럼 만들어 상상의 날개를 펼치게 만든다. 직무 구조도 지루한 단순반복 작업이 아니라, 도전적이고 흥미진진한 일을 자율적이고 창의적으로 수행할 수 있도록 재설계해 일과 놀이가 하나 되는 문화를 만들어 가고 있다.

1-2. Daniel Goleman의 감성리더십 본질이해

☞ 대니엘 골먼은

1946년생. 미 하버드대에서 박사학위를 받고, 심리학자이자 과학 전문 저널리스트로 활동해 왔다. 1995년에 낸 저서『감성지능』이 세계적 베스트셀러가 되면서, 세계적으로 유명해졌다.

저서로는『감성지능(Emotional Intelligence)』(1995년),『감성지능으로 일하기(Working with Emotional Intelligence)』(1998년),『사회지능(Social Intelligence)』(2006년),『에코지능(Ecological Intelligence)』(2009년) 등 10여 권이 있다.

[골먼의 생애와 업적]

국제적으로 잘 알려진 심리학자, 다니엘 골먼은 1946년 3월 7일 캘리포니아 Stockton에서 태어났다. 그는 대학, 전문적인 그룹, 사업가를 대상으로 강의를 하고 있다. 또한 과학저널리스트로 일하고 있으며 뉴욕타임즈에 두뇌 및 행동과학에 대해 수년간 보고했다.

그의 1995년 저서인『Emotional Intelligence』는 뉴욕타임즈의 베스트셀러 리스트에 일 년 반 동안 올랐고 30개국 언어로 5백만 부 이상 전 세계의 많은 나라에 베스트셀러로 판매되었다. 15년이 지났지만, 감성지능 이론은 교육과 비즈니스 현장에서 여전히 강한 영향력을 발휘하고 있다. 미국의 학교들은 '사회 감정 학습’ 프로그램을 만들어 감정을 이해하고 다스리는 훈련을 시키고 있고, 싱가포르는 아예 국가 차원에서 감성교육을 실시하고 있다.

그의 최근 저서 『Social Intelligence: 인관관계의 새로운 과학』은 2006년 9월 26일에 출판되었다. 감성지능의 개인적인 부분은 신경과학에서 최근 발견된 점을 통하여 이해될 수 있다. 골먼의 저서는 새로운 과학의 연루, 애타주의, 양육, 사랑, 건강, 학습 및 지도력(리더십)을 묘사하고 있다.

골먼의 1998년 저서인 『Working With Emotional Intelligence』에서는, 감성지능에 기반을 둔 직업 능력은 특별한 일을 할 때에 매우 중요한 역할을 한다고 말하고 있다. 그리고 개인적인 차원에서나 회사 차원에서 이러한 역량을 장려함으로써 이익을 볼 것이라고 말한다.

그의 저서 『Primal Leadership—Learning to Lead with Emotional Intelligence』(Richard Boyatzis, McKee 공저)에서는 리더십에서 감성지능의 중요한 역할에 대해서 탐구한다.

또한 『Destructive Emotions』에서는 달라이 라마와 심리학자, 신경과학자, 철학자 그룹의 과학적인 대화를 이야기하고 있다.

그는 ‘Mind & Life’ 협회의 임원, 위원, 회의 일원으로 진행 중인 그러한 좋은 대화 시리즈의 제안자이며, 그와 관련된 조사를 촉진한다.

골먼은 미국 심리학 협회에서 받은 ‘Career Achievement award’를 비롯하여 많은 상을 받았다. 그의 업적은 행동 과학계로의 전달 노력에 있으며, 또한 과학의 진보를 위한 미국 협회의 특별회원으로 선출되었다.

그러니까 ‘감성지능(EQ)’의 전도사 대니얼 골먼 박사는 잠자고 있던 또 하나의 세계를 깨운 주인공인 셈이다. IQ라는 돋보기만으로는 초점이 맞지 않던 세계에, EQ라는 다른 렌즈를 들이대 원근과 입체감을 준 것이다. EQ는 기존의 교육 방법을 바꾸었고, 부드러운 리더십과 코칭의 이론적 토대를 제공했다.

월스트리트저널이 2008년 그를 세계에서 가장 영향력 있는 경영사상가 20명 중 8위로 꼽은 것도 이런 이유에서다. 그는 포브스와 타임에 발표되는 '세계의 사상가 50인(Thinkers 50)'에도 포함됐다.

[조선일보 2010년 3월 20일 대담]
뉴욕＝박종세 특파원 jspark@chosun.com

'감성지능'과 '사회지능'에 이어 최근 '에코지능'이라는 신간을 내놓고 여전히 왕성하게 활동하고 있는 골먼 박사를, 조선일보 Weekly BIZ가 뉴욕에서 만났다. 그는 '그린 마케팅'이 범람하는 시대에 이를 한마디로 '사기(scam)'라고 혹독하게 비판하면서, 소비자들에게 보다 똑똑한 '에코지능'을 촉구했다.

인터뷰는 뉴욕 맨해튼의 한 레스토랑에서 다른 레스토랑으로 자리를 옮겨 가며 진행됐다. 인터뷰를 시작하기 전에 녹음기를 테이블 위에 올려놓자 골먼 박사는 "주변이 좀 시끄럽지 않으냐"고 걱정하면서 "나도 저널리스트이기 때문에 그런 애로사항을 누구보다 잘 안다"고 말했다. 그는 12년 동안 뉴욕타임스에 뇌와 행동과학에 대해 많은 글을 썼으며, 타임즈에 기고한 글로 두 차례 퓰리처상 후보에도 오른 적이 있다. 'EQ의 아버지'를 만났기에 우선 "IQ와 EQ 중 어느 것 이 더 중요한가"부터 물었다. 골먼 박사는 "문턱을 넘는 데는 IQ, 문턱을 넘어서면 EQ가 중요하다"고 명쾌하게 정리해 주었다.

—『감성지능』은 전 세계적인 베스트셀러였죠. 책이 나온 뒤, 전 세계 EQ가 좀 올라갔다고 보십니까.

"대기업들 특히 글로벌 기업들은 비즈니스 리더십에서도 EQ가 매우 중요하다는 것을 깨닫기 시작했습니다. 사실 비즈니스 리더들에게 중요한 것은 테크니컬한 기술이 아니라 사람을 다루는 '휴먼 전략'이지요. 조직 구성원들 사이에서는 변연계(대뇌피질 속에 있는 백색질로 구성된 회로의 부분)의 열린 고리구조가 계속 상호 작용을 하면서 '감정의 수프' 같은 것이 만들어집니다. 그 수프에 가장 강한 맛을 내는 조미료를 넣는 사람이 바로 리더입니다. 리더의 감정이 부하 직원에게 지시하는 어조에 영향을 미치고, 그것이 도미노 파장을 일으키면서 회사 전체의 감정 기류에 영향을 미치기 때문이지요.”

그는 “리더가 최상의 성과를 이루려면 사람들로부터 최상의 결과를 이끌어 내야 한다”면서 그것을 위해 가장 중요한 것은 ‘기업문화를 바꾸는 것’이라고 했다. 그는 특히 최고 경영진의 문화가 바뀌어야 하며, 무엇보다 사람들의 감정적 재능을 이해할 수 있어야 한다고 부연했다.

─비즈니스 리더들로부터 자문을 해 달라는 요청을 많이 받았겠군요.

“유럽·일본·중국·말레이시아·도미니카 공화국·아랍에미리트 등에서 초청이 와서 방문했습니다. 한국에는 아직 가보지 못했습니다.”

─그렇다면 EQ라는 안경을 쓰고 볼 때, 어떤 리더십이 좋은 리더십이라고 볼
**　수 있나요?**

“가장 좋은 리더십은 비전을 가진 리더십(그의 책 『감성의 리더십』에서는 ‘전망 제시형 리더십’이라고 부른다)이라고 볼 수 있습니다. 미래에 대한 목표를 가지고 사람들을 움직이는 사람이죠. 비전이 있는 리더 밑에서는 따르는 사람들이 미래의 목표를 공유하므로 일을 할 때 자발적으로 움직입니다. 구체적 상황이 발생할 때마다 일일이 상관에게 물어보지 않아도 스스로 어떻게 할지 판단하는 것이죠. 지금 무슨 일을 하든 중요한 게 무엇인지 매우 효과적인 커뮤니케이션이 일어납니다.

두 번째로 좋은 리더십은 경청하는 리더십(민주형 리더십)입니다. 반면 가장 안 좋은 리더십은 독재자(지시형 리더십)입니다. ‘내가 보스니까 내 말대로 하라’는 식으로 명령을 내리는 식이죠. 사람들은 이런 리더를 싫어합니다. 겉으로는 따라 하지만, 속에서는 저항하죠.”

- 저서 『감성의 리더십』에서 분류한 리더십의 6가지 유형 가운데 상명하달 식
 의 ‘지시형 리더십’이 나쁜 리더십이라는 것에는 공감이 갑니다. 하지만 높은
 목표를 설정하는 ‘선도형 리더십’도 부정적으로 평가하는 것은 언뜻 이해하
 기가 힘듭니다.

“선도형 리더는 자신이 설정한 목표에만 온 정신을 집중하고 있기 때문에 다른
모든 사람에게도 그렇게 하기를 요구합니다. 선도형 리더십에 지나치게 의존할
경우, 성과에 집착해서 사람들을 지나치게 몰아붙이고 그 결과 오히려 조직원의
기력을 소진하는 결과를 가져옵니다. 이런 리더는 사람들의 불만이 차츰 고조되
고 있다는 걸 잘 눈치 채지 못합니다. 대개 기술자가 관리자로 승진한 경우에 이
런 유형이 곧잘 나타나는데, 이를 피터의 법칙(Peter Principle, 승진과 업무 수행 능
력이 비례하지 않는 경우)이라고 하지요.”

- 현재 세계의 지도자들 가운데 누가 가장 감성지능(EQ)이 높은 것으로 보시나요

“(잠시 생각한 뒤) 달라이 라마에게 특별히 강한 인상을 받았습니다. 아주 여러
상황에서 그를 볼 기회가 있었죠. 하지만 아직도 그의 감정적 차원을 이해하는 게
쉽지 않습니다. 남아공의 투투 대주교도 영감이 있는 지도자로 높은 EQ를 갖고
있는 것 같습니다. 비즈니스맨 가운데는 사우스웨스트항공을 창업한 허브 캘러허
전 CEO를 꼽을 수 있습니다. 그런데 EQ는 IQ처럼 객관적으로 측정하는 지표가
없어요.”

- 금융위기 이후 많은 사람이 월가의 탐욕을 지적합니다. 월가 사람들이 집단
 적으로 EQ가 부족했던 것은 아닌가요

“개인적인 탐욕이라기보다는 자본주의 사회의 시스템 문제가 원인이라고 봅니
다. 금융시장에는 다른 사람에 대한 동정이 없습니다. 암묵적으로 ‘내가 먼저’라
는 가치에 경도되어 있는 거죠. 그러나 보다 나은 경제 시스템은 개인의 이해와
집단적인 이해 간에 균형을 유지하는 것입니다.”

－골드만삭스의 로이드 블랭크페인 회장이 "우리는 신(神)의 일을 한다"는 발언을 하는 바람에 반(反)월가 정서가 악화됐었죠.

"그 경우는 EQ가 높다고 할 수 없습니다. 다른 사람에 대한 감정이입이 전혀 없기 때문이지요. 월가가 초래한 위기로 인해 수백만 명의 생존이 위태로워졌는데 그런 말을 하니까 받아들여질 수가 없는 겁니다."

－어떤 때 IQ가 작동하고, 또 어떤 때 EQ가 중요한 것인가요.

"IQ는 어떤 영역에서든 직업을 얻고 유지하는 데 결정적인 역할을 합니다. 기술과 수학, 언어적 기술을 배우는 교육은 매우 중요합니다. 문턱(threshold)을 넘어서기 위해 필요한 기술이라고 할 수 있죠. 모든 사람이 배워야 한다는 얘기입니다. 하지만 일단 문턱을 넘은 뒤에는 다른 사람들보다 더 뛰어난 게 중요해집니다. EQ는 바로 이때 필요합니다. EQ는 최고의 성과를 내는 사람을 평균적인 사람과 구별하는 능력입니다."

* EQ는 높고 IQ는 낮은 존재가 정치인?

－IQ는 높은데 EQ가 낮으면 어떤 문제가 생기나요?

"IQ가 높다는 것은 개인적으로 매우 뛰어난 성과를 낸다는 것을 의미하죠. 컴퓨터 앞에서 몇 시간씩 혼자 일해서 최고 수준의 성과를 내는 식이죠. 하지만 IQ만 높고 EQ는 낮은 사람이 어느 회사의 지원이라면 고객과의 관계에서 문제가 생길 소지가 큽니다. 상대방의 말은 듣지 않고 자기 얘기만 하는 경향이 크기 때문이죠."

－반대로 EQ는 높은데 IQ가 낮은 사람에겐 어떤 일이 벌어집니까.

"그런 사람들은 정치가가 될 수 있을지 모르겠습니다.(웃음) 그런 종류의 사람들은 다른 사람들을 상대하는 직업에서 매우 효과적으로 일할 수 있습니다. 예를 들어 세일즈 분야 같은 곳이죠."

* 인터넷이 EQ에 미치는 영향은 양면적

―인터넷 시대에는 대면(對面) 접촉이 줄어듭니다. 이런 트렌드가 젊은 세대에
  어떤 영향을 미칠까요.

"장점으로는 웹을 기반으로 한 새로운 커뮤니케이션 형태가 생겨나고 있고, 현
재 젊은 세대들은 이를 매우 효과적으로 이용해 소통하고 있다는 점입니다. 반면
단점은 대면접촉이 꼭 필요한 상황이 여전히 많은데, 그런 경우에 사람을 다루는
기술이 아무래도 떨어진다는 점입니다.

컴퓨터에 혼자 앉아 있는 시간이 길어지다 보니 대면접촉의 시간이 줄어들고,
이에 따라 대면접촉을 통해 발달되는, 사람을 다루는 기술이 떨어지는 거죠. 따라
서 학교에서 이런 능력을 키울 수 있는 교육을 실시해야 합니다."

―감성지능과 사회지능(SQ)이 실제로 개발될 수 있나요.

"그렇습니다. 그렇기 때문에 학교에서 교육을 하고, 기업들은 리더십 코치를 고
용해서 리더 들이 더 잘 경영할 수 있도록 돕는 것이죠. 이런 능력이 개발될 수
있는 것은 '신경의 변화성(plasticity)' 때문입니다. 두뇌는 경험을 통해 일생을 통해
변화합니다. 일부는 죽고, 일부는 성장하고, 강화되죠. 멘탈 트레이닝이나 육체 훈
련과 마찬가지입니다."

―하지만 사람을 변화시키기는 참 어렵지 않습니까.

"사람을 변화시키기 어려운 이유는 사람들이 변하길 원치 않기 때문입니다. 사
람들은 대부분 게으르니까요. 따라서 가장 첫 번째 할 일은 동기부여입니다. '진
짜로 변하고 싶은가'라고 묻는 것이죠. 예를 들어 사업가의 마인드를 바꾸려면
'내 사업이 잘되기 위해서는 나 자신의 리더십을 고쳐야 한다'는 점을 깨닫게 하
는 것이 우선입니다."

―EQ의 창시자이신데, 박사님 스스로는 EQ를 향상시키기 위해 어떤 훈련을 하

시나요

"아내를 통해서 훈련합니다. 아내가 불평하면 내가 고쳐야 된다는 동기부여가 되고, 좀 향상되면 아내가 행복해하죠. (웃음) 나는 조직 속에서 일하는 게 아니라 집에서 일합니다. 하지만 두뇌는 집이든 직장이든 구별하지 않죠. 어디서든지 배울 수 있습니다."

- 성격과 EQ는 어떻게 다른가요.

"성격은 주로 유전자에 의해 결정되는 기질을 의미합니다(그는 이 대목에서 기자의 아이들이 몇 살이냐고 물었다. 미국 나이로 각각 13살과 10살이라고 대답하자, 둘의 성격이 다르다는 것을 언제 알았느냐고 다시 물었다. 기자는 "태어나면서부터 달랐다"고 대답했다).

맞습니다. 태어나면서부터 다르죠. 같은 가정에서 자라지만, 서로 다른 성격을 갖고 있는 거죠. 성격은 대부분 유전자에 의해 결정됩니다. 반면 EQ는 대부분 환경에 의해 결정됩니다."

- 하지만 제 딸과 아들을 비교하면, 딸의 EQ가 더 높은 것 같은데요.

"이렇게 말하는 것이 안전할 것 같습니다. EQ는 유전자와 환경의 상호 작용입니다. 하지만 연구결과에 따르면, 경험이 EQ의 발달에 좀 더 지배적인 영향을 미치죠. 유전자는 변하지 않습니다. 하지만 EQ는 경험에 의해 변합니다."

- EQ는 어린 나이에 상당 부분 결정되지 않나요.

"맞습니다. 어릴수록 이를 조절하는 두뇌가 발전하기 쉽죠. 대략 20대 중반까지입니다. 따라서 어린아이부터 20대 초반까지가 일차적으로 바로잡아 줄 수 있는 기회라고 볼 수 있습니다. 그 이후에는 이미 형성된 나쁜 습관을 헐어 버리고 새로 배워야 하기 때문에 어렵죠. 더 강한 동기 부여가 필요합니다."

감성지능이 주인공이지만, 정작 골먼 박사와의 인터뷰는 그리 '감성적'이지는 않았다. 그는 인터뷰 내내 시종 차분한 톤을 유지했다. 감성지능에 대해서는 막힘없이 술술 대답했지만, 개인적인 문제로 옮겨서 물어보면 골똘히 생각에 잠기거나 어색한 웃음을 잠시 동안 짓곤 했다. 아내 얘기를 할 때 그의 얼굴엔 자부심이 엿보였다. 그 순간, 그의 감성지능은 확실히 아내에 의해 훈련되고 담금질되고 있다는 생각이 들었다.

1-3. 감성리더십 EQ지수 측정 Workshop

감성리더십은 구성원들의 협력을 이끌어 내고 새로운 방식으로 문제를 해결할 수 있도록 촉진함으로써 창조적 조직성과 창출에 기여한다. 창조경영을 위해서는 직원 상호 간 지식공유와 협업, 모험적인 시도를 용인하는 조직 분위기가 필수적이다. 감성리더십을 통해 직원들의 느낌을 이해하고 편안하게 의견을 나누며, 새로운 시도에 대해 심리적 안정감을 제공함으로써 창조적 성과창출의 기반을 마련하고 일회성이 아닌 본질적·단계적 접근이 중요하다.

감성리더십을 본질적으로 이해하고, 발휘하기 위해서는 감성지능 개발이 필수적이며 감성지능은 자신의 한계와 가능성을 객관적으로 판단해 자신의 감정을 잘 다스리고 상대방을 진심으로 이해하며 타인과 좋은 관계를 유지할 수 있는 능력이다.

조직 전반에 감성리더십을 구축하기 위해서는 직원들과 관계를 강화하는 단계적 접근이 필요하다. 감성리더십에서 가장 중요한 것은 일관성과 지속성-직원 간담회 등 몇 번의 이벤트로 교인들의 감성을 이해했다고 생각하는 것은 큰 착각이며, 단계적인 접근을 통해 관계의 기반을 공고히 하는 것이 중요하다.

따라서 기반을 다지며 순차적으로 직원들과의 관계를 강화하는 단계적 접근이 필요하다. 본 프로그램에서는 조직 전반에 감성리더십을 확산시키기 위해 먼저 반드시 거쳐야 하는 5개 주제 감성지능지수(EQ) 측정 및 진단서 작성법을 소개한다.

1. 감성지능지수 측정진단 도구 작성법

감성지능지수 작성은 아래 5가지 내용에 관한 구성요소별로 10가지 문항의 진단도구를 자신의 특성과 현재 감정상태를 그대로 표시하면 된다.

<A> 자기감정 이해능력(Self – Awareness)

<B> 자기감정 조절 능력(Self – Regulation)

<C> 자기 동기부여 능력(Self – Motivation)

<D> 타인의 감정이해 능력(Empathy)

<E> 타인과 인간관계 능력(Social Skill)

* 다음 문항을 읽고 자신의 생각이나 행동에 어느 정도 일치하는지를 체크하시오

매우 동의: 3점, 어느 정도 동의: 2점, 약간 동의: 1점, 전혀 동의하지 않는다: 0점

	<A> 자기감정 이해능력(Self – Awareness)	
NO	진단도구	평가
1 2	나는 내 감정을 표현하는 데 별다른 어려움을 느끼지 않는다. 나는 새로운 일을 시작할 때 두렵거나 불안하지 않다.	
3 4	친구가 나를 화나게 하면 나는 기분 나쁘다고 말한다. 나는 평소에 내가 하고 싶은 일이 무엇인지를 알기 때문에 전공 선택 문제로 별로 고민하지 않는다.	
5 6	나는 내가 좋아하는 여자(남자)친구 스타일을 가지고 있다. 나는 감정과 행위가 다를 수 있다고 생각한다.	
7 8	나는 성격뿐만 아니라 나 자신에 대해 너무나 잘 알고 있다. 나는 나 자신과 대화를 사주 하는 편이다. 가령, '너는 누구인가? 내가 왜 그랬을까'와 같이 자신과 대화하며 문제에 대처한다.	
9 10	나는 언제나 내 자신의 능력에 맞는 목표를 세워 놓고 행동한다. 나는 내가 무엇을 원하는지 표현할 수 있다.	
<A> 점수 합계　　　점		

〈B〉 자기감정 조절 능력(Self – Regulation)

NO	진단도구	평가
1 2	나는 성격이 침착하고 차분하다는 얘기를 많이 듣는 편이다. 얌체같이 갓길로 달리는 사람들을 보면 욕하기보다는 무슨 사정이 있어서 그럴 거라고 생각한다.	
3 4	식당에서 밥을 먹으려고 줄을 섰는데 누가 새치기를 하면 뭐라고 하기보다 배가 몹시 고프기 때문이라고 생각하여 참는다. 맛있는 음식이 있어도 다른 가족들이 식탁에 앉기까지 먹지 않고 기다리는 편이다.	
5 6	누가 내 발을 밟아 놓고 사과하지 않더라도 나는 쉽게 화내지 않는다. 나는 상대방이 어떻게 받아들일지 몰라 말을 함부로 하지 않는다.	
7 8	나는 물건을 살 때 충동적으로 사서 후회하는 일이 거의 없다. 나는 내 감정을 잘 조절할 수 있다고 믿는다.	
9 10	스트레스를 받더라도 나는 쉽게 흥분하지 않고 스트레스를 풀 수 있는 방법을 가지고 있다. 나는 풍부한 정서 생활을 하고 있다고 생각한다.	

<B> 점수 합계 　점

〈C〉 자기 동기부여 능력(Self – Motivation)

NO	진단도구	평가
1 2	세상은 노력한 만큼 얻을 수 있다고 생각하기 때문에 잘살고 못사는 건 모두 자기 책임이다. 나는 어떤 일에 실패하면 그 원인이 무엇인지를 분석해서 대처하는 편이다.	
3 4	나는 내 능력에 맞는 목표를 스스로 세우고 그것을 달성하기 위해 노력한다. 나는 '실패는 성공의 어머니'라는 말을 믿는다.	
5 6	나는 내가 부족한 것이 무엇인지를 찾아 그것을 채우려고 한다. 집안이 어려워 대학에 가지 못할 상황이라도 대학에 가고 싶다면 나는 반드시 갈 수 있다.	
7 8	여자(남자)친구에게 데이트 신청을 했다가 거절당하더라도 포기하지 않고 다시 도전한다. 나는 평소 말과 행동이 다르지 않고, 내가 한 말을 그대로 실천하는 편이다.	
9 10	누군가 불쌍하다는 생각이 들면 나는 그 사람을 반드시 도와준다. 나는 무언가 재미있는 일이 있으면 그것에 몰두해 시간 가는 줄 모른다.	

<C> 점수 합계 　점

〈D〉 타인의 감정이해 능력(Empathy)

NO	진단도구	평가
1 2	나는 다른 사람과 입장을 바꿔 놓고 생각하기 때문에 다른 사람이 무슨 생각을 하는지 잘 안다. 나는 부모님이나 선생님, 친구들이 기분이 좋은 상태인지 나쁜 상태인지를 잘 판단한다.	
3 4	사람을 첫인상 가지고 판단하는 것은 옳지 않다. 나는 내 주위 사람들이 나에게 무엇을 원하는지 잘 알고 있다.	
5 6	나는 부모님이 단지 자존심 때문에 자식을 대학에 보내려는 것은 아닐 거라고 생각한다. 나는 누가 섭섭한 말을 하더라도 그럴 만한 이유가 있을 거라고 생각하고 참는 편이다.	
7 8	나는 친구의 행동이 내 맘에 안 들더라도 그 친구에게 이런저런 잔소리를 하지 않는 편이다. 나는 사랑에 빠지더라도 친구나 가족이 눈에 들어오지 않는 것을 이해할 수 없다.	
9 10	나는 친구가 약속할 때마다 늦게 오더라도 뭐라 하기보다는 늦을 만한 이유가 반드시 있을 거라고 생각한다. 모처럼 친구와 등산을 가서 정상을 눈앞에 두었는데 친구가 죽어도 못 올라간다고 하면 나는 친구와 함께 내려오겠다.	

B 점수 합계　　점

〈E〉 타인과 인간관계 능력(Social Skill)

NO	진단도구	평가
1 2	나는 다른 사람들과 어울리는 것을 좋아한다. 나는 다른 사람이 기분 상하지 않게 내 의사를 잘 표현한다.	
3 4	나는 친구들의 말이 다소 논리가 없더라도 그것을 지적하지 않고 이해하려고 한다. 나는 다른 사람들과 슬픔과 기쁨, 분노와 같은 감정을 공유할 줄 안다.	
5 6	나는 사람들이 이기적이기보다는 이타적이라고 생각한다. 나는 고정관념이나 편견이 맞을 수도 있지만 실제로는 맞지 않는 경우가 더 많다고 생각한다.	
7 8	어떤 사람을 행동이나 말투를 가지고 판단하는 건 잘못된 것이다. 나는 토론할 때 다른 사람이 나와 다른 주장을 하더라도 그것을 불평 없이 받아들일 수 있다.	
9 10	나는 다른 사람이 나를 칭찬하든 비난하든 별로 개의치 않는 편이다. 친구가 약속 시간에 늦으면 약간 화를 내도 상관없다고 생각한다.	

E 점수 합계　　점

결과표					
30					
20					
10					
	A	B	C	D	E

EQ 5가지 내용 구성요소

A 자기감정 이해능력
B 자기감정 조절 능력
C 자기 동기부여 능력
D 타인 감정이해 능력
E 인간관계 능력

EQ 계산공식

$$\frac{(A\times1.5)+(B\times2.5)+(C\times2.5)+(D+1.5)+(E\times2.0)}{5}\times3 = (\qquad) \text{ 나의 감성지능지수}$$

2. 감성개발(EQ) 결과분석

1) 나는 이런 사람!

*** 150~180점 → EQ 천재**

이런 젊은이들은 자신의 감정을 잘 알고, 자기감정을 잘 다루고, 충동적으로 행동하지 않으며, 기분 나쁜 일이 있거나 스트레스를 받아도 곧 회복할 수 있다. 어떤 일을 계획할 때도 자신의 능력을 고려하며, 타인을 배려하는 측면이 많아 인간관계도 좋다. 연구 결과에 따르면 이런 유형의 사람들은 사회경제적으로 성공할 가능성이 높고, 성격이 낙천적이어서 매사를 긍정적으로 보기 때문에 정신적으로도 무척 건강하다. 어렸을 때부터 서로 격려하고 지지해 주는 가정환경, 학교 환경에서 자란 젊은이들 중에서 이런 높은 EQ 수준이 많이 나온다. 그러나 전체적으로 볼 때 이 점수에 해당하는 사람들은 전체 인구의 10% 이하다. 만약 당신이 이 점수에 속해 있다면 희망을 가져도 좋다. 노력을 게을리하지 않는다면 아주 행복하고 아름다운 삶을 영위할 것이다.

* 126~149점 → EQ 수재

대체로 높은 EQ 수준을 가지고 있다. EQ가 높은 사람의 특성을 많이 가지고 있다. 그러나 어떤 한 영역에 문제가 있을 수 있으므로 만약 다섯 가지 영역 중에 어느 한 영역에서 20점 이하의 점수를 받았다면 그 부분을 강화시키려는 노력을 해야 한다. 자기 삶에 충실하고 다른 사람을 잘 이해해 주는 사람들의 전형이라고 할 수 있다. 조금만 노력하면 아주 우수한 EQ 수준을 가질 수 있을 것이다.

* 96~125점 → 움트는 EQ에 불을 당기자

여기에 해당하는 젊은이들은 대개 자신의 문제를 분명히 할 수 있고 자기의 문제를 잘 다루고, 자신의 감정을 행동으로 잘 표현한다. 그러나 좋고 싫음이 너무 분명하고 그 기복이 심하여 정반대의 대인관계 경향이 뒤섞여 있다. 그래서 친구들에게는 친절하지만 집에서는 짜증을 부리기도 하고, 동성 친구들하고는 잘 어울리지만 이성 친구한테는 그렇게 못 할 수도 있다. 또한 긍정적이든 부정적이든 다른 사람들로부터 피드백을 받지 못하고, 매사를 선악으로 구분하려고 한다. 이따금 자신의 감정이 슬픈 건지 기쁜 건지, 화난 건지 두려운 건지를 모를 때가 있다. 그러나 이 점수에 속해 있는 젊은이들도 노력하면 EQ를 우수한 수준으로 높일 수 있다. 그러니 평소에 자기감정을 분명히 표현하고, 실패에 쉽게 좌절하지 말고, 매사를 흑백 논리로 보지 말고, 타인의 입장에 서서 생각하는 습관을 기른다면 아주 우수한 EQ 수준으로 발전할 수 있다. EQ는 개발할 수 있다는 게 EQ를 개발한 존 네이어 박사의 얘기다.

* 60~95점 → 잠자는 EQ를 깨우자

여기에 속하는 젊은이들은 EQ가 낮은 편이다. 자기감정을 잘 알지 못하고, 자기감정을 잘 조절하지도 못한다. 게다가 다른 사람의 아픔을 잘 헤아리지 못하고, 다른 '사람의 얘기를 잘 듣지도 않는다.'

그래서 자기감정을 조절하지 못하고, 인간관계가 원만하지 못해 사회적으로 성공할 가능성이 낮으며, 실패했을 때 실패를 극복하지 못하고 주저앉기 일쑤다. 경제적으로 독립할 가능성도 낮다. 이런 상태가 지속된다면 평생을 스트레스와 싸워야 하고, 다른 사람에게 피해를 주는 사람이 될 수도 있다. 그러므로 EQ를 개발하기 위해 적극적으로 노력해야만 한다.

자기 자신의 능력에 맞는 현실적인 목표를 세워 추진하고, 자신의 감정을 분명히 표현하고, 충동적으로 행동하지 않도록 노력해야 한다. 그리고 타인을 돕듯이 자신을 돕고, 비판에 너무 민감하게 반응하지 않도록 의식적으로 노력해야만 한다. EQ를 높이려는 노력이 절실하다.

* 59점 이하 → 낙심은 금물! EQ는 "하면 된다"

여기에 해당하는 젊은이들은 틀림없이 알 수 없는 덫에 걸려 있다. 자기감정을 이해하지 못함은 물론 다른 사람들의 감정을 헤아리지도 못한다. 그리고 충동적이고 이기적이어서 언제나 인간관계 때문에 고민하고, 이성보다는 열정에 사로잡혀 어떤 욕구가 일어나면 즉각적으로 만족시키려고 한다. 만약 EQ가 지금 상태로 유지된다면 당신은 분명히 후회할 날이 올 것이다. 그러므로 적극적으로 EQ를 높이려는 노력을 해야 한다.

2) 유형별 분석

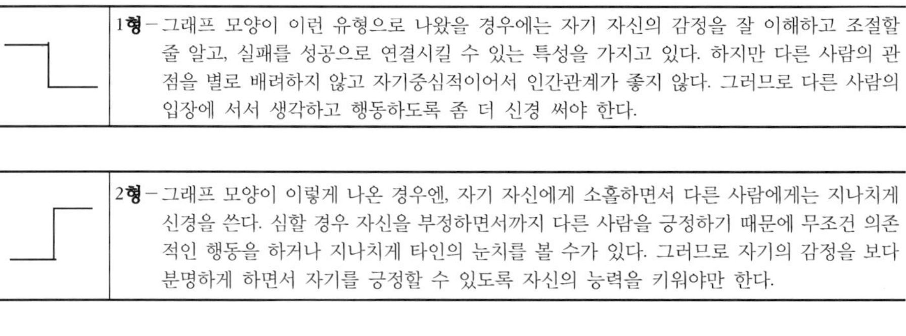

1형	그래프 모양이 이런 유형으로 나왔을 경우에는 자기 자신의 감정을 잘 이해하고 조절할 줄 알고, 실패를 성공으로 연결시킬 수 있는 특성을 가지고 있다. 하지만 다른 사람의 관점을 별로 배려하지 않고 자기중심적이어서 인간관계가 좋지 않다. 그러므로 다른 사람의 입장에 서서 생각하고 행동하도록 좀 더 신경 써야 한다.
2형	그래프 모양이 이렇게 나온 경우엔, 자기 자신에게 소홀하면서 다른 사람에게는 지나치게 신경을 쓴다. 심할 경우 자신을 부정하면서까지 다른 사람을 긍정하기 때문에 무조건 의존적인 행동을 하거나 지나치게 타인의 눈치를 볼 수가 있다. 그러므로 자기의 감정을 보다 분명하게 하면서 자기를 긍정할 수 있도록 자신의 능력을 키워야만 한다.
3형	이런 유형의 결과는 자기감정을 잘 표현할 줄 알고, 자기감정을 조절할 줄도 안다. 그리고 다른 사람의 감정을 잘 이해하고, 인간관계에 필요한 사회적 기술이 뛰어나다. 하지만 실패했을 경우 쉽게 좌절하고 거기서 헤어나지 못하는 단점도 있다. 그러니 실패했을 때 너무 실망하지 말고, 실패를 면밀히 분석하여 목표에 재차 도전하는 습관을 기른다면 높은 수준의 EQ를 얻을 수 있을 것이다.

3. 감성개발(EQ) 방법

　EQ는 IQ와는 달리 후천적으로 개발할 수 있다는 것이 큰 장점이다. IQ는 유전적인 영향, 어머니의 지능, 태내 환경에 의해 80% 정도가 선천적으로 결정되고 나머지 20% 정도가 후천적으로 결정된다. 그래서 노력해서 개발할 여지가 적다. 그에 비해 EQ는 20% 정도가 유전, 기질, 호르몬 등과 같은 선천적인 요소에 의해 결정되고 나머지 80% 정도가 후천적으로 결정된다. 그래서 노력해서 개발할 여지가 다분하다. 그러니 앞의 테스트에서 EQ 점수가 낮다고 좌절하지 말고 자신의 EQ를 높이려고 노력하라. 그러다 보면 자연스럽게 EQ가 높아질 것이다.

　그러면 EQ를 개발하고 EQ 점수를 높이는 방법에 대해서 알아보자.

1) 나는 나만의 공간을 가지고 있는가?

　EQ가 높은 사람들의 특징은 자기만의 휴식 공간, 사색 공간, 창조 공간을 가지고 있다는 점이다. 그러므로 자신의 공간을 확보하도록 노력하라. 그렇다고 집안 형편을 무시하고 자기 방을 확보하라는 것은 아니다. 그런 행동 자체가 EQ가 낮은 사람의 행동이다. 자기만의 공간은 조용한 산책길, 공원, 옥상, 분위기 있는 카페와 같이 어느 곳이든 자기가 가장 편안한 곳이면 된다.

2) 나는 나 자신과 대화를 하고 있는가?

　EQ가 높은 사람들은 자신과의 대화를 즐길 줄 안다. 가령 일기를 쓰거나 글을 쓰면서 자신의 행동과 하루를 반성하는 게 좋다. 다시 말해 자기 삶을 스스로 피드백해 보아야 한다.

3) 나는 취미 생활을 하고 있는가?

　EQ가 높은 사람들은 자기 전공분야 이외에 한 가지 이상의 취미 생활을 하고 있다. 가령 학생이라면 좋아하는 운동을 하거나 동아리 활동을 하고, 직장인이라면 업무와 관련되지 않은 동호회 모임에 참여해서 활동한다. 물론 취미 활동에 너무 몰입해서 자신의 전공이나 업무에 영향을 주어서는 안 된다.

4) 나는 규칙적으로 운동을 하고 있는가?

EQ가 높은 사람들은 건강관리를 위해서뿐만 아니라 규칙적인 운동을 통해 적대감, 스트레스, 공격성을 해소할 줄 안다. 일주일에 서너 번은 운동을 함으로써 스트레스를 풀어 주어야 한다.

5) 나는 내가 되고자 하는 존경하는 인물이 있는가?

EQ가 높은 사람들은 존경하고 흠모하는 인물을 설정해 놓고 자기도 그런 인물이 되려고 노력한다. 지금이라도 내가 존경하는 인물을 설정하라. 그리고 그 사람과 같이 되려고 노력하라.

6) 나는 상대방의 입장에 서서 생각하고 행동하는가?

EQ가 높은 사람들은 자기의 감정과 충동만을 앞세워 사랑을 표현하지 않는다. 그래서 상대방을 난처하게 하는 프러포즈를 하지도 않고 키스를 요구하지도 않는다. 성인의 경우에는 성생활에서 상대방의 기분과 감정을 배려할 줄도 안다. 항상 상대방의 입장에 서서 생각하고 행동하도록 노력한다.

7) 나는 여행을 즐기고 있는가?

EQ가 높은 사람들은 출장이 아닌 여행을 즐기며 자연과 대화하는 걸 좋아한다. 여행을 통해 새로운 문화, 새로운 사람들을 접하고, 자연에 묻혀 자신의 감정을 편안하게 하는 습관을 가져라.

8) 나는 평소 '욱' 하는 기질이 있는가?

충동적인 행동은 하루아침에 자신을 무너뜨릴 수도 있다. 그러니 충동을 조절하는 습관을 길러라. EQ가 높은 사람들은 평소 나름대로 기(氣)운동, 이완 훈련. 종교 생활을 통해 자신의 충동성을 조절하려고 노력한다.

9) 나는 스트레스 관리를 하고 있는가?

EQ가 높은 사람들은 평소 자신의 스트레스 관리를 잘 하고, 스트레스로부터 빨리 벗어나는 특징을 가지고 있다. 특히 정신적인 노동을 하는 사람들은 스포츠나 노동 같은 신체적인 스트레스를 일부러 체험하는 게 좋다.

10) 나는 세상을 긍정적으로 보려고 노력하는가?

EQ가 높은 사람들은 가능한 한 세상을 긍정적으로 보고, 다른 사람의 단점보다는 장점을 보려고 노력한다. 게다가 자신에게도 매우 긍정적이어서 죄의식이나 죄책감에 시달리지 않는다. 자기에게 너그러워지고 가능한 한 세상을 긍정적으로 보아라.

제2장
창의(Creativity)기술 개발

오늘날 경영자들의 최우선 이슈(Issue)는 창의성이다. 특히 경영학교수들은 창의적 인재육성을 46%라고 답했다. 멘토링은 1:1로 인간성을 중심으로 한 창의적 인재개발 프로그램이다. 먼저 멘토를 핵심인재로 개발하고 경영현장에서 조직을 위한 업무능력 향상과 개인을 위한 핵심역량 개발 멘토 프로젝트를 추진한다. 특히 GE그룹 멘토링 4가지 사례를 활용한 '주문형 창의인재 멘토개발 방법'을 인간성 바탕 위에 생산성 확보를 거둘 수 있는 최적의 프로그램으로 소개한다.

INDEX

2-1. 창의형 인재개발의 필요성

1) 창의성(Creativity) 영향력은 무엇인가?

기발한 아이디어로 가득 찬 사원은 최상의 경영 자원이다. 그들을 올바르게 다루어야 한다. 그러면 그 번득이는 아이디어를 얻을 것이다. 사원의 창조성을 고취시키는 것이 바로 무한경쟁시대를 해쳐 나가는 비결이다.

그러한 의미에서 금번 지적 자산의 근원인 창조력을 키우는 '창의인재 멘토 개발 방법'은 기업 등 조직 경영에 많은 영향력을 발휘하는 계기가 될 것이다.

① 법적 조직 적용: 기업, 학교, 대학, 교회, 정부기관, 군대, 복지재단 등

② 자율조직 적용: 정치계, 경영계, 법조계, 종교계, 교육계, 여성계, 청소년단체 등

2) 왜! 오늘날 창의성 인재가 필요한가?

21세기 현대사회는 한 치의 앞을 내다볼 수 없는 상황에 이르렀다. 그러므로 가장 먼저 인재 경영의 중요성을 제대로 인식하고 창의인재를 확보하고 유지함으로써 우리에게 닥친 오늘날 위기를 다시 한번 도약의 계기로 반전시켜야 할 때이다.

3) 현재 한국기업이 최우선적으로 추구해야 할 경영 이슈는?

국내대학 경영학 교수 103인의 설문조사(결과-매경이코노미 자료)

(한국통합경영학회 모임, 2009. 8. 20.~21.)

(1) 최우선경영이슈:

핵심인재유치와 유지 - - - - - - - - - - - - - - - - - 30%

(2) 창조경영기반:

창조적 인재육성 - - - - - - - - - - - - - - - - - - - 43%

(3) 창조경영 어려운 점:

변화와 혁신 원치 않는 조직분위기 - - - - - - - - - 46%

4) 창조적 인재경영 왜 필요한가?

불과 몇 년 전만 해도 경영자들이 갖추어야 할 첫 번째 덕목으로 혁신이 꼽혔다. 그러나 이제는 창조가 대세다. 1993년 "마누라와 자식만 빼고 다 바꿔라"고 했던 이건희 삼성전자 회장은 2003년 6월 신경영 선언 10주년을 기념하여 '천재경영'을 선언했다. 그는 한 명의 천재가 10만 명을 먹여 살린다고 했다.

글로벌 초(超)경쟁시대의 21세기는 두뇌경쟁시대다. 모든 지식과 정보가 1등에게만 모인다.

그래서 1등만이 살아남고 나머지는 '하청업체'로 전락해 근근이 먹고살게 된다. 지금까지는 남들이 창조한 것을 가져다가 원래 것보다 훨씬 싼값에 만들어 팔 수 있었다. 하지만 기업 경영의 영역이 점차 확장되고 발전하면서 더 이상 베낄 것이 없어지고 있다. 오직 가치를 창출하는 기업만이 살아남게 된다는 것이다. 창조경영이 혁신경영을 밀어내고 기업경영자들의 키워드로 자리 잡은 것도 이 때문이다. 기존방식을 바꾸는 것이 혁신이라면 창조는 무에서 유를 만들어 내는 것이다. 창조는 없는 것을 만들어 내기 때문에 무한한 가능성이 있다.

창조경영자의 대명사로 꼽히는 스티브 잡스가 이끌고 있는 미국 애플사는 올해 포춘이 뽑은 최고의 명성 기업 1위를 차지했다. 불과 10년 전만 하더라도 운영체계 전략이 원활하지 않아 심한 자금난에 허덕였다. 그러던 애플사가 10년 만에 세계를 뒤흔든 아이팟을 만들어 내고 전 세계 휴대전화 업계에 지각변동을 몰고 온 아이폰을 탄생시켰다.

뒤이어 시장에 나온 태블릿컴퓨터 아이패드는 IT시장의 판도를 완전히 뒤바꿔 놓을 수 있을 것으로 업계는 주목하고 있다. 스티브 잡스의 창조경영이 힘이 됐다는 분석이다.

5) 앞으로 어떻게 창조인재 경영해야 하나?

기업들은 글로벌 경영확대와 창조경영에 필요한 우수인재를 육성하고 조직운영 시스템을 만들어야 한다. 기업들의 인사제도 패러다임도 바뀌어야 한다. 전문가들은 획일적인 지시에 대해 다른 생각을 가진 구성원들을 포용하고 다양성을 수용할 수 있는 조직문화를 만들어야 한다고 입을 모은다.

이를 위해 국내 기업들은 신입사원 채용방식을 인턴제로 바꾸고 자율복장과 근무시간 유연제를 도입하는 등 창조경영을 위해 애를 쓰고 있다. 하지만 아직은 미흡하다. 한 단체의 조사에 따르면 지난해 국내 500대 기업의 교육훈련비가 전년에 비해 20%나 감소했다. 금융위기가 닥치자 기업들은 인재경영의 필요성을 알면서도 당장 효과가 나타나지 않는다는 이유로 직원들의 교육훈련비를 줄인 것이다. 하지만 미래경영을 위해서는 교육훈련이 필수적이다.

6) 멘토링의 창의형 인재개발이란?

(1) 의미

멘토링의 창의형 인재개발 멘토 프로젝트는 개인과 조직의 균형 있는 상호 유익을 전제로 업무능력을 통하여 조직의 효율성과 역량 개발을 통하여 개인의 만족감을 이루어 인간성 바탕 위에 생산성 효과를 얻고자 하는 데 목적을 둔다.

(2) 일반교육과 멘토링의 차별성

구분	일반 교육	멘토링
목적	·업무성과 제고 ·전문지식 습득	·태도·마인드의 변화 ·성장 잠재력 개발
초점	·업무수행에 필요한 전문기술 습득	·구성원들의 잠재역량 개발 및 일을 통한 학습 능력 제고
주체	·내외부 전문가	·같은 부서의 상사 또는 자주 접하는 사람
관계	·전문가와 비전문가 관계 ·1 : 다수 관계	·지식 전달 외에 감정적 관계 포함 ·1 : 1 관계
장소	·강의실, 교육기관	·업무현장, 회사 내부
기간	·단기적(며칠~몇 주)	·장기적(수개월~1년 이상)

(3) 일반형 창의 인재개발과 멘토링 창의 인재개발 차별성

일반형 창의형 인재개발	구분	멘토링 창의형 인재개발
· 개인 · 창의 팀원	인력	· 멘토/멘제 1:1 · 멘토링 그룹
· 독창역량 개발 · 주어진 업무	대상	· 인격개발 · 지·정·의 전인적인 분야
· 자기 배려 창의－이기주의 개념	배려	· 타인 배려 창의－이타주의 개념
· 생산성 바탕 창의성	기준	· 인간성 바탕 창의성
· 자아실현 · 업무목표 달성	성과기대	· 타인을 리더로 실현 · 멘제를 멘토와 같이 재생산

2-2. 창의형 인재 멘토 Big 3 모델

1. 디자이너: 앙드레 김(한국인)

앙드레(Andre) 김(본명 김봉남, 75)은 한국 패션디자인계의 창의적인 개척자로서 여성의 아름다움을 알리고 나아가 한국의 문화와 예술을 세계에 알리는 데 크게 공헌한 분이다. 그는 오늘날 전 세계에서 한국이 낳은 세계적인 패션 디자이너로 그 독창성을 널리 인정받고 있어 금번 멘토링코리아에서 창의적인 멘토 모델 선정을 계기로 한국 대표로 멘토 모델로 추천되었다.

출생연도: 1935년 8월 24일 경기도 고양
사망연도: 2010년 8월 12일 사망
가족: 아들 김중도(입양)
학력: 한영고등학교
수상:
2010년 대한민국 금관문화훈장
2009년 아시아 모델 페스티벌 어워즈 국제문화교류 공로상
2007년 제7회 자랑스런 한국인대상 패션디자인부문
2005년 제1회 한국복식학회상
2000년 프랑스정부 예술문학훈장

1) 멘토 모델로서의 영향력

경기도 고양군 신도면 구파발리(현재 서울특별시 은평구 진관동) 태생으로 신도초등학교와 한영고등학교를 졸업, 1962년에 디자이너로 데뷔하였다. 같은 해 소공동에 '살롱 앙드레(앙드레 김 의상실)'를 열어 한국 최초의 남성 패션디자이너가 됐다. 남성 디자이너에 대한 사람들의 편견 속에서도 개성 있는 디자인과 노력으로 의상 디자인계를 개척한 그는 1966년 파리에서 한국인으로는 최초로 패션쇼를 열었다. 1960년대 영화배우 엄앵란 등의 옷을 만들며 알려지기 시작하였다. 1980년에 미스유니버스대회의 주 디자이너로 뽑혔으며, 1988년 서울 올림픽에서는 대한민국 대표팀의 선수복을 디자인하였다.

1997년에는 문화훈장 화관장(5등급)을 수상하였으며, 2000년 프랑스 예술문학훈장을 받은 데 이어 2008년 문화훈장 보관장(3등급)으로 훈위가 승급되었다.

2006년에는 서울에서 '문화재 환수 기금 마련을 위한 패션쇼'를 열어 해외 유출 문화재의 반환에 대한 관심을 나타내었다.

평생 독신을 고집한 그의 디자인의 예술성에 대해서는 논쟁이 많은 편이며 일부에서는 미디어가 만들어 낸 허상일 뿐이라는 혹평도 있다. 특유의 韓·英 혼용체나 말투 등으로 인해 그의 성대모사가 사람들의 개인기 소재로 많이 쓰이기도 하였다. 2010년 8월 12일 서울대병원 중환자실에서 폐렴과 대장암이 악화되어 사망하였다. 그의 죽음에 이명박 대통령은 1등급 훈장인 금관문화훈장을 추서하였다.
흰옷을 입은 이유에 대해 앙드레김은 "어린 시절 어머니가 흰옷을 빨아서 풀까지 먹여 주셨다. 그 이후 흰옷을 사랑하게 됐다"고 고백했다.

---

2) 멘토 모델로서의 영향력 평가

우리 사회에서 지도자들은 누구나 멘토가 될 수 있고 또한 되어야 한다. 그러나 멘토의 자질은 먼저 인격을 갖춘 자로서 주변에서 존경받는 사람이어야 한다.

앙드레 김의 멘토로서의 영향력을 아래 인격테스트에 의거하여 소개해 보도록 하겠다.

인격	영향력	세부사항	비고
지: 知	전문분야 지식 기술 정보 노하우	1. 초창기 상품성보다는 예술성에 치중하여 경제적으로 어려웠다. 그러나 노후 결과는 경영에서도 성공했다. 2. 특히 옷 재료를 국산품으로, 외국산의 가짜 여부를 차단하고 애국심으로도 인정받았다. 3. 조간신문 17개를 읽는 열정적인 사람이다. 4. 브랜드-골프웨어, 아파트, 화장품, 도자기, 카드, 세제, 가전, 자전거 등 다양하다.	
정: 情	정서분야 감성 마음 관계 취미	1. 조언을 듣고 김봉남 본명을 불란서 이름인 앙드레(Andre) 김으로 개칭하여 세계화하였다. 2. 그의 韓·英을 혼합한 독특한 어법은 늘 우리 주변에서 화두가 되었다. 3. 그의 평생 흰옷 스타일은 어머니의 영향과 백의민족에 뿌리를 두고 있다.	
의: 意	의지분야 결단 윤리 리더십 절제 계획 성과	1. 평생 독신으로 패션과 결혼한 듯한 삶이었다. 2. 국내 최초 남성 디자이너로 세계적인 명성을 얻었다. 3. 입양한 김중도를 30여 년간 키워 후계자로 삼았다. 4. 한국 예술분야 최고인 금관문화훈장 수상자다. 5. 국내보다는 외국 패션계와 국내 외교관 가족들과 활발한 관계를 가져 Global Leader가 되었다.	

2. 경영자: Steve Jobs(미국인)

Steve Jobs(55)는 미국 IT산업인 Apple사를 창업하여 MS를 창업한 Bill Gates와 동년배로서 서로 간 경쟁하면서 세계 IT산업의 창의적인 CEO로 인정받고 있다.

특히 금번 IPod-IPhone-IPad 개발로 경영 차원에서도 난공불락이었던 MS 시가 총액을 넘어섰다. 이번 IT산업 경영 부분에서 멘토 모델로 추천했다.

출생: 1955년 2월 24일(미국 샌프란시스코)
학력: 리드대학(중퇴)
경력:
1976. 애플사 창립
1986. 픽사 인수
1985. 넥스트 설립(애플사 퇴사)
1997. 애플사 복귀
2001. I-Pod 출시
2007. I-Phone 출시
2010. I-Pad 출시

1) 멘토 모델로서의 영향력

잡스는 독특한 철학만큼이나 인생 역정도 남다르다. 1955년 미국 샌프란시스코에서 미혼모의 아이로 태어난 그는 친모의 얼굴도 모른 채 한 부부에게 입양된다.

그는 특히 전자 장치에 관심이 많았다. 그런 관심이 최고조에 달했던 1976년 21세의 나이 에 친구 스티브 워즈니악과 함께 차고를 사무실로 개조, 지금의 애플을 설립하게 된다. 이어 1977년에는 세계 최초의 개인용 컴퓨터(PC)인 '애플Ⅱ'를 세상에 내놓는다. 당시는 IBM으로 대표되는 대형 컴퓨터만 있던 시절. 사람들은 그 작은 컴퓨터를 보고 충격을 받지 않을 수 없었다. 잡스는 성공 가도를 탔고 회사 설립 4년 만에 억만장자의 반열에 오른다.

하지만 그에게도 위기가 닥치기 시작한다. 잡스의 독선적인 경영 방식에 불만을 품은 이사회가 1983년부터 그에게 경영권을 주지 않으려 한 것. 잡스는 차선책으로 경영의 귀재인 존 스컬리 펩시 사장을 영입한다. 당시 잡스가 스컬리에게 "정말 중요한 일을 할 수 있는데 설탕물이나 팔며 남은 인생을 허비할 것이냐"고 한 말은 미국 비즈니스 역사에 전설이 된 에피소드이기도 하다.

잡스는 2001년에 I-Pod, 2007년에 I-Phone 그리고 최근 2010년에 I-Pad를 출시하였고 기적적으로 Micro Soft사 시가 총액을 넘어서 명실 공히 IT산업의 황제로 등극했다.
그는 췌장암을 극적으로 회복한 후 2005년 스탠퍼드대학교 졸업 축사에서 이렇게 말했다. "매일매일을 인생의 마지막 날처럼 살아가십시오. 항상 갈망하고 언제나 우직하게(Stay hungry, stay foolish!)······"
"우리는 기술을 개발하는 것이 아니라 더 나은 세상을 만드는 것입니다."

---

2) 멘토 모델로서의 영향력 평가

우리 사회에서 지도자들은 누구나 멘토가 될 수 있고 또한 되이야 한다. 그러나 멘토의 자질은 먼저 인격을 갖춘 자로서 주변에서 존경받는 사람이어야 한다.

Steve Jobs의 멘토로서의 영향력을 아래 인격테스트에 의기하여 소개해 보도록 하겠다.

인격	영향력	세부사항	비고
지: 知	전문분야 지식 기술 정보 노하우	1. 그를 '세상에서 가장 창의적인 경영자, 경제에 디자인의 개념을 도입한 인물, 디지털 혁명가, 몽상가, 과거 실패 딛고 성공한 자. 괴짜…'라고 평한다. 2. 그의 창의적인 제품으로 2001년에 I-Pod, 2007년에 I-Phone 그리고 최근 2010년에 I-Pad가 있다.	
정: 情	정서분야 감성 마음 관계 건강 봉사 취미	1. 그는 과학기술과 인문학의 융합경영을 주장하고 협력업체와 동반자 시스템을 구축하여 50:50에서 30:70으로 지분율을 올려 우대했다. 2. 잡스는 2004년 췌장암 수술, 작년에는 간이식수술까지 받으면서 이런 악조건을 극복하고 애플을 세계 최고의 테크놀로지 기업으로 만들었다. 3. 애플에서 강조되는 '창조적 사고'라는 업무 방식은 개인의 자율과 실패를 인정하는 방식이다.	
의: 意	의지분야 결단 윤리 리더십 절제 계획 성과	1. 샌프란시스코에서 미혼모의 아이로 태어난 입양아로 오늘날 창의력으로 최정상 CEO가 됐다. 2. Apple사를 창업하고 퇴직당한 후 복귀하여 현재 마이크로소프트사를 시가총액 2,292억 불로 능가했다. 그 기적은 업무와 인간 배려의 힘이었다. 3. 애플에서 강조되는 '창조적 사고'라는 업무 방식은 개인의 자율과 실패를 인정하는 방식이다.	

3. 교육자: 마빈 토카이어(유대인 랍비)

마빈 토카이어는(74) 전통적인 유대인의 랍비로서 미국 뉴욕에서 출생하여 생존하는 랍비 중에서 최고의 영향력을 발휘하고 있다. 그의 창의력은 20여 권의 탈무드를 저술하였고 오늘날 국제적인 탈무드식 자녀교육의 권위자로 인정받고 있다. 금번 멘토링코리아에서 창의적인 멘토 모델 선정을 계기로 유대인을 대표로 자녀교육부문의 멘토로 추천되었다.

- 뉴욕 예시바대학교 대학원(랍비 신학대학원) 졸, 1962
- 미 공군 군종장교(한국 오산 근무)
- 일본 와세다대 히브리어 교수
- 탈무드를 비롯하여, 20여 권 유대인 관련 저서 저술
- 일본 및 미국 정통파 유대인 회당의 랍비 생활
- 주요저서: 탈무드의 지혜, 탈무드와 모세오경, 탈무드의 처세술, 탈무드의 생명력, 탈무드의 잠언집, 탈무드의 웃음 등 20여 권

1) 멘토 모델로서 영향력

마빈 토카이어(74)는 정통파 유대인 랍비로서 지난 1962년에서 64년까지 경기

도 오산, 경북 대구, 서울 등지의 미공군부대 군종장교를 지냈으며 그 후 주로 일본에서 활동했다. 일본 와세다대에서 히브리어 교수로 재직한 그는 일본과 미국 뉴욕의 유대인 회당에서 랍비로 활동했다.

"한국인은 고난을 많이 겪었다는 점에서 유대인과 비슷한 면이 많다. 한국은 일본, 중국, 러시아 등 강대국에 의해 오랜 기간 고통을 당했다. 하지만 멋진 전통과 좋은 영혼을 갖고 있다."

『탈무드』의 저자 마빈 토카이어(74) 랍비가 6일(2010년 8월) 국제학술대회를 위해 한국을 찾았다. "나는 한국인들에게 도움이 될 수 있는 유대인의 지혜를 전달하고 싶다. 나는 1962년부터 1964년까지 주한 미 공군으로 복무했다. 당시 한국은 일제강점기와 한국전쟁을 거친 후라 매우 비참한 지경에 처해 있었다"며 "하지만 한국사람들의 영혼은 건전하고 강한 가치를 갖고 있었다"고 회상했다. "어제 한국에 도착했는데 현대판 기적을 봤다. 전체 나라를 다시 재건한 것이 아니냐. 정말 놀랍다."

"우려스러운 점도 있다. 한국은 IT, 컴퓨터 등에서 발전된 기술을 갖고 있다. 하지만 영혼을 잃고 있는 것 같아 걱정된다"며 "유대인 격언 중에 '보트를 앞으로 나가게 하기 위해서는 뒤를 보면서 노를 저어라'는 말이 있다. 한국의 발전을 위해서는 뒤에 있는 한국인의 가치를 보며 앞으로 나가야 한다"고 충고했다. "미래를 밝게 할 수 있는 유산들에 눈을 돌려야 한다. 로봇은 과거가 없지만 인간은 밝은 미래를 위해 과거의 도덕과 지혜를 활용할 줄 알아야 한다."

---

2) 멘토 모델로서의 영향력

우리 사회에서 지도자들은 누구나 멘토가 될 수 있고 또한 되어야 한다. 그러나 멘토의 자질은 먼저 인격을 갖춘 사로서 주변에서 존경받는 사람이어야 한다.

마빈 토카이어의 멘토로서 영향력을 아래 인격테스트에 의거하여 소개해 보도록 하겠다.

인격	영향력	세부사항	비고
지: 知	전문분야 지식 기술 정보 노하우	1. 생존 유대인 랍비(유대교 율법교사)로서 20여 권의 탈무드 저자로 '탈무드를 통한 자녀교육'의 권위자다. 2. 온고이지신, 랍비 자녀 학습은 유대전통관습법과 토라(모세오경)를 담은 탈무드를 교재로 한다.	
정: 情	정서분야 감성 마음 관계 건강 봉사 취미	1. 1,500년 전에 첫 선을 보인 탈무드는 단순한 학습교재가 아니라 "인생과 관련된 매우 세밀한 대화가 담긴 지혜와 감수성의 보고"다. 2. 랍비의 교재인 탈무드는 시대와 인물을 초월한 유대인 전통적인 교재로 노소간에 세대 차이가 없는 세계에서 유일한 교재다. 3. 고교 대학시절에는 15시간 탈무드 공부를 했다.	
의: 意	의지분야 결단 윤리 리더십 절제 계획 성과	1. 유대인 생존 랍비 중에서 최고의 영향력을 주고 있는 지도자다. 2. 그는 일본에서 대학 강의, 중국에서 저서보급 및 미국 정통파 유대인 회당의 랍비 생활을 하고 있다. 3. 한국에 대한 조언: "한국은 IT, 컴퓨터 등에서 발전된 기술을 갖고 있다. 하지만 영혼을 잃고 있는 것 같아 걱정된다."	

2-3. 창의형 인재 멘토개발 지침-10

창의형 인재양성 과정은 멘토의 영향력으로 멘제를 5-Step(단계) 10-Rule(지침)로 자신과 같은 멘토 리더로 재생산하여 이기(利己)주의에서 이타(利他)주의로 창의형 혁신인재개발로 인재경쟁력을 가져다주는 인간벨트 구축 프로그램이다.

멘토의 인재개발 프로젝트는 개인과 조직의 균형 있는 상호 유익을 전제로 업무능력을 통하여 조직의 효율성과 역량 개발을 통하여 개인의 만족감을 이루어 인간성 바탕 위에 생산성 효과를 얻고자 하는 데 목적을 둔다.

① 한 사람의 삶에 진정한 변화를 가져다주는 멘토
② 조직 경영에서 인재 경쟁력을 가져다주는 멘토

1. 멘토 핵심인재 개발의 특징

일반교육은 대체적으로 한 사람의 강사가 다수를 수강인원으로 학습을 진행하고 단시간에 이뤄지기 때문에 물리적인 차원에서 어느 정도 영향력을 줄 수 있으나 멘토 양성교육은 보통 한 사람을(A Person) 한 사람의 멘토(A Mentor)가 1:1로 연결을 맺고 12개월 등 장시간 그의 핵심역량을 최대한 발휘하게 함으로써 자기와 같은 한 사람의 리더(A Leader)로 화학적인 변화를 유도하는 특징이 있다.

일반리더십 교육	구분	멘토리더 양성교육
사람들(People)에게	대상	한 사람(A Person)에게
영향력(Influence)을 발휘하여	내용	역량(Competency)을 발휘하여
많은 추종자들(Followers)을 얻는 일	목적	한 리더(A Leader)를 얻는 일
양적(Quantity) 성장평가	평가	질적(Quality) 성장평가
망원경적 리더십－숲을 보는 리더십	Synergy	현미경적 리더십－나무 보는 리더십

2. 멘토 핵심인재 개발 5단계 과정 개요

멘토의 인재개발은 각 조직에 인간벨트 구축 프로그램으로 12개월 기간별로 진행하며 5단계 10－Rule로 각 점검표를 작성하되 강의교안은 인간개발 교육프로그램을 참고교재로 활용하여 1단계→2단계→3단계→4단계→5단계별로 적용한다. 강의교안은 인간핵심 가치－5, 인간핵심기술－5, 인간핵심진단－5로 구성되어 있다

Step	10－Rule	4－Step 소개	강의교안
1. Meeting 미팅단계	1. 관계 맺기 Connecting 2. 경청하기 Listening	멘토와 멘제가 Welcomm 단계로 신뢰와 존경하는 마음으로 첫 출발하여 관계를 돈독히 미팅하는 단계다.	관계가치 소통기술
2. Growing 성장단계	3. 양육하기 Nurturing 4. 성장하기 Enlarging	멘토는 자신의 전인적인 삶으로 전문, 정서, 의지 부문에 조언하여 멘제를 인격적으로 성장시키는 단계다.	인성가치 칭찬기술

Step	10 - Rule	4 - Step 소개	강의교안
3. Changing 변화단계	5. 이해하기 Understanding 6. 진실하기 Integriting	바로 멘제의 리더십은 지금까지 자기중심에서 이제는 멘토처럼 타인 배려 즉 이타주의로 인재혁신의 성과를 체험하는 단계다.	혁신가치 창의기술
4. Leadering 리더단계	7. 믿어주기 Beliving 8. 항해하기 Navigating	멘토는 이 과정에서 한 사람의 보통 멘제를 자신과 같은 한 리더 멘토로 질적으로 업그레이드시키는 단계다.	리더가치 감성기술
5. Reproducing 재생산단계	9. 능력부여 Empowering 10. 재생산하기 Reproducting	멘토는 12개월 등 일정한 기간이 지난 후 이 단계에서 멘제를 자신과 같은 멘토 리더로 재생산의 성과를 거두는 최종단계다.	성과가치 열정기술

[멘토 핵심인재 개발 콘텐츠]
1. 인간핵심가치 5: 1. 인성, 2. 관계, 3. 리더, 4. 혁신, 5. 성과
2. 인간핵심기술 5: 1. 칭찬, 2. 소통, 3. 창의, 4. 감성, 5. 열정
3. 인간핵심생애 5: 1. 마음, 2. 건강, 3. 재능, 4. 물질, 5. 미래

3. 멘토 핵심인재 개발지침 10 - Rule

1) Skill 1: 관계 맺기(Connecting for Menger)

멘토링에서 관계 형성은 절대 빠져서는 안 되는 요소이다. 즉 남에게 좋은 영향을 미치려는 사람에게 반드시 필요하다. 남을 위한 항해란 잠시 함께 여행을 해주면서 삶의 장애물을 극복할 수 있도록 돕는 것이다. 하지만 관계 형성이란 상호 유익을 위해 멘제를 자신의 여행에 끌어들이는 것이다. 멘제를 여러분의 여행으로 끌어들이기 전에도 이와 비슷한 일이 벌어진다. 즉 목적지를 확인하고 멘제에게 다가가서 관계를 맺는 것이다. 이 일을 성공적으로 마무리하면 서로의 관계가 더욱 깊어진다. 아울러 멘제를 한 단계 더 발전시킬 수 있다. 기억하라. 한 단계 발전하는 길은 항상 오르막길이므로 멘토의 도움이 꼭 필요하다.

다행히 관계 형성에 전문기술은 필요 없다. 노력하기만 하면 누구와도 관계를 맺을 수 있다. 단, 대화기술, 남의 성장과 변화를 도우려는 열정, 그리고 명확한 목적의식이 요구된다. 특히 어디로 가야 할지 몰라서는 곤란하다.

□ 멘토/멘제의 현재관계를 측정하라.

현재 멘토와 멘제로서 얼마나 강한 관계를 맺고 있는가? 멘제의 삶에 가장 중요한 것은 무엇인가? 무엇으로 상호 공통기반을 형성했는가? 두 사람을 하나로 묶어 줄 경험을 공유했는가? 아직 깊은 관계를 맺지 못했으면 멘토인 자신이 먼저 다가가야 함을 명심하라. 이번 주에 만나 커피를 마시고 식사를 하거나 서로 이야기를 나누기로 약속하라.

□ 깊은 관계를 맺어라.

일상관계에서 가장 중요한 사람과 의미 있는 시간을 가져 본 적이 없다면 이번 달 안에 기회를 만들어라. 배우자를 동반해 주말을 함께 보내기로 계획하라. 단, 깊은 관계를 맺고 경험을 공유하기 위해 최선을 다해야 한다는 점을 명심하라.

□ 상호 간 비전을 이야기하라.

멘토와 멘제가 깊은 관계가 형성되었다면 상호 간 희망과 꿈을 말하라. 미래에 대한 비전을 제시하고 그 비전을 향한 여행에 멘제를 초대하라.

2) Skill 2: 경청하기(Listening for Menger)

뛰어난 리더들이 영향력을 발휘하고 성공하기 위해 꼭 필요한 요소로 꼽는 기술이 있다. 과연 무엇인지 알겠는가? 바로 듣는 기술이다. 그런데 듣는 기술의 중요성을 알고 있는 사람은 그리 많지 않다. 사람들이 대화할 때 자주 범하는 실수는 남의 관심을 끌기 위해 필요 이상으로 노력한다는 것이다. 똑똑하고 재치가 넘치며 유머가 넘치는 사람으로 보이고 싶어 하는 것이다. 그러나 생산적인 대화를 나누려면 남의 말에 관심을 기울일 수 있어야 한다. 관심을 끌려 하지 말고 관심을 기울여라. 크게 생각하는 사람은 듣기를 독점하고 작게 생각하는 사람은 말하기를 독점한다. 그러므로 멘제의 말을 잘 경청하는 사람은 그와 더 깊고 강한 관계를 맺을 수 있는 것이다.

☐ 자신의 듣는 기술을 평가하라.
친구에게 다음 질문을 하면서, 멘토는 다음 아홉 가지 질문에서 자신의 듣는 기술을 평가하라. 그리고 '아니
오'라는 질문에 대해 친구의 설명을 들어 보아라. 단 친구가 설명하는 동안 끼어들거나 변명해서는 안 된다.
1. 나는 상대방이 말하는 동안 그 얼굴을 쳐다보는가?
2. 상대방이 말을 마칠 때까지 기다리는가?
3. 상대방의 말을 이해하려고 애쓰는가?
4. 말하는 순간 상대방의 의도를 헤아리는가?
5. 항상 내 감정을 점검하는가?
6. 이야기의 전말을 듣기 전까지 판단을 보류하는가?
7. 상대방이 말할 때 가끔씩 그 말을 정리해 주는가?
8. 필요할 때마다 확인을 위한 질문을 하는가?
9. 대화할 때 먼저 들으려고 노력하는가?
☐ 개선을 위한 방법
1.
2.
3.
몇 주 동안 위의 방법대로 노력해 보아라.
☐ 실제로 듣는 연습을 하라.
멘토링 활동 중에 있는 멘제와 이번 중에 만나 한 시간 동안 대화만을 나누어라.
그 사람에게 모든 관심을 기울이고 그 시간의 3분의 2를 듣는 데 사용하라.

3) Skill 3: 양육하기(Nurturing for Menger)

'양육' 하면 머리에 가장 먼저 무엇이 떠오르는가? 아마도 대개는 아기를 달래는 엄마를 떠올릴 것이다. 엄마는 아기를 돌보고 보호하며 젖을 준다. 또 격려하고 필요를 채워 준다. 시간이 남거나 편리할 때만 관심을 기울이는 것이 아니다.

아기를 진심으로 사랑하고 잘 자라기를 바란다. 마찬가지로 멘제를 돕고 영향력을 발휘하려면 사랑과 관심을 가져야 한다.

멘제에게 좋은 영향을 미치고 싶은 멘토는 그를 미워하거나 깔보지 않아야 한다. 오히려 사랑하고 존경한다는 표현을 해야 한다.

☐ 집과 회사, 학교, 교회에서 양육하는 분위기를 조성하라.
주위 사람에게 사랑과 자존, 안정감을 주겠다는 목표를 가져라. 그러기 위해 멘제의 흠을 말하기보다. 장점을 찾아 말해 주어라.
☐ 특별한 격려를 하라.
이번 달에 격려할 사람을 멘제를 비롯해서 두세 명 선택하라. 각 사람에게 짧은 글을 써 보내고 그들과 가까이 지내라. 대가를 바라지 말고 그들에게 시간을 투자하라. 그리고 나서 월말에 그들의 긍정적인 변화가 있었는지 점검하라.
☐관계를 회복하라.
여러분이 과거에 나쁜 영향을 미쳤던 한 사람을 선택하라. 가령 멘제를 포함하여 동료, 가족, 직원 등 누구라도 상관없다. 그 사람을 찾아가서 과거의 행동이나 말에 대해 사과하라. 그리고 나서 그의 장점을 찾아 말해 주어라. 다음 몇 주간에 걸쳐 그의 관계를 어떻게 회복할지 고심하라.

4) Skill 4: 성장하기(Enlarging for Menger)

멘토링 활동에서 멘제에게 성장할 동기를 주면서 수단을 제시하지 않으면 별 소용이 없다. 멘토는 멘제의 잠재력과 꿈을 현실로 바꿀 기회를 계속적으로 제공해야 한다. 일단 멘토링을 통해 미친 영향력은 영원히 사라지지 않는다고 말할 수 있다. "자신에게 맞지 않는 일에 열정을 허비하지 않는 사람은 현명하다. 그러나 자신이 잘할 수 있는 일을 찾아 그것에 최선을 다하는 사람은 더욱 현명하다(William Gladstone, 英 정치가)." 자신이 잘할 수 있는 역량(Competency)을 알고 있는 사람은 그리 많지 않다. 대부분 사람들은 그 역량을 찾아 성장하고 꿈을 실현하기 위해 도움을 필요로 한다. 이것이 멘토링이 꼭 필요한 이유이다. 그러므로 멘토는 멘제의 인격과 직업의 성장에 있어 홀로 설 수 있을 때까지 지도해야 한다. 훌륭한 멘토링은 멘제를 성장으로 이끄는 것이다. 멘토링의 4가지 방법은 멘제를 성장시킨다. 멘제를 도와 항해하면서 인생의 문제를 해결한다. 멘제와 더 깊은 관계를 맺는다. 그리고 멘제의 잠재력을 최고도로 발휘할 수 있도록 능력을 부여하는 것이다.

□ 누구를 성장시킬 것인가?
멘토가 성장시킬 후보 멘제를 세 명만 골라 기록하라. 여러분과 인생철학이 비슷한 사람, 그 잠재력을 여러분이 믿을 수 있는 사람, 여러분이 좋은 영향을 미칠 수 있는 사람, 성장할 준비가 된 사람을 선택하라.
1.
2.
3.
□ 성장 일정
다음 양식을 이용해, 위에서 선택한 세 명을 성장시키기 위한 전략을 개발하라.
후보 멘제 1, 멘제 2, 멘제 3
－이름
－잠재려
－열정
－인격문제
－최대장점
　다음 단계
－현재 필요한 자료
－성장 관련된 다음 번 경험

---

5) Skill 5: 이해하기(Understanding for Menger)

멘제를 이해하면 그만큼 좋은 대화를 나눌 수 있다. 멘제를 설득할 때 가장 큰 실수는 자신의 생각과 감정을 무리하게 표현하려고만 애쓰는 것이다. 멘제가 정말 원하는 것은 그의 인격을 존중하고 현재 상황을 이해하며 자신의 말을 귀담아 들어 주는 것이다. 멘토가 멘제를 이해해 주는 순간 그도 멘토의 관점을 이해하려고 노력하게 된다. 멘제의 생각과 감정, 동기, 주어진 상황에서 행동과 반응을 이해할 수 있을 때 비로소 그에게 좋은 영향을 미칠 수 있는 법이다.

□ 멘토의 이해능력 평가하기
다음과 같은 기준으로 멘토인 자신의 이해능력을 평가하라.
- 매우 뛰어남-거의 모든 상황에서 멘제의 감정과 행동을 예측할 수 있다. 이해능력은 나 자신의 최대 장점 중의 하나다.
- 뛰어남-항상 멘제의 행동과 요구에 귀를 기울인다. 이해능력은 내 자산(資産)이다.
- 보통-멘제의 생각을 예측할 때도 있지만 그렇지 못할 때도 그만큼 많다. 나의 이해능력은 평범하다.
- 부족함-멘제의 감정과 동기를 거의 모르겠다. 분명 이해능력 개선이 필요를 느낀다.

□ 평가 후 행동 절차
매우 뛰어나다는 평가가 나왔으면 남에게 그 비결을 가르쳐 주어라. 뛰어나거나 평범한 평가가 나왔으면 계속해서 배우고 발전하라. 새로운 사람을 만날 때마다 다음 4가지 질문을 이용해 이해력을 즉시 향상시킬 수 있다.
1. 멘제는 어디서 왔는가?
2. 멘제는 어디로 가기를 원하는가?
3. 현재 멘제가 원하는 것은 무엇인가?
4. 내가 멘제를 어떻게 도울 수 있는가?

□ 멘토 자신의 이해능력이 생각보다 못하다면
다음의 말을 마음에 깊이 새겨라.
"사랑하는 사람은 사랑의 세계에서 산다. 반면 미워하는 사람은 미움의 세계에서 산다.
요컨대 당신이 만나는 모든 사람은 당신의 거울이다(Ken Keyes, Jr.)."

---

6) Skill 6: 진실하기(Integriting for Menger)

진실성은 집의 기초와도 같다. 기초가 튼튼한 집은 비바람이 몰아쳐도 무너지지 않는다. 반면 기초에 금이 간 상태에서 폭풍우가 몰아치면 그 금이 더욱 깊어져 기초, 그리고 나중에는 집 전체가 무너지고 만다. 이것이 진실성을 잃지 않으려는 작은 잘못부터 고쳐야 하는 이유다.

□ 멘토 자신의 훌륭한 인격을 개발하는 데 전념하라.
과거에 여러분은 자신의 인격을 전적으로 책임졌는가? 영향력이 큰 사람이 되려면 그렇게 해야 한다. 어려운 상황에 처했거나 상처를 받은 경험이 있는가? 잠시 잊어 보아라. 이 모든 것을 잠시 잊고 남은 것 중에 확고한 진실성이 없다면 오늘부터 당장 삶의 방식을 바꾸어라.

다음 서약서를 읽고 아래에 서명하라.

인격적인 사람이 되도록 노력하겠습니다. 진실과 신뢰, 정직을 제 삶의 중심에 놓겠습니다. 제가 대접받고 싶은 대로 남을 대접하겠습니다. 삶의 어떤 순간에도 최고 수준의 진실성을 갖고 살겠습니다.

성명: 서명: 날짜:

□ 작은 일부터 하라.
다음 주 동안 인격과 관련된 자신의 습관을 유심히 관찰해 보라. 다음과 같은 행동을 할 때마다 기록해 보라.
－진실을 모두 말하지 않는다.
－확실히 약속을 했건 넌지시 비췄건 약속을 지키지 않는다.
－해야 할 일을 다음으로 미룬다.
－비밀에 붙여야 할 일을 발설한다.

□ 원하는 일보다 해야 할 일을 먼저 하라.
이번 주 동안, 해야 하지만 미루어 두었던 일을 하루에 두 개씩 찾아라. 그리고 다른 일보다 그 일을 먼저 하라.

7) Skill 7: 믿어 주기(Believing for Menger)

남에 대한 신뢰는 남과 협력할 때 영향력 있는 사람에게 꼭 필요한 자질이다. 그러나 오늘날 많은 사람들이 자신을 믿지 못한다. 그리고 실패할까 두려워한다. 심지어 터널 끝에 빛이 보여도 그것을 자신에게 달려오는 기차로 생각하고 절망하고 만다. 항상 부정적인 측면만 보는 것이다. 하지만 사실은 어려움 때문에 실패하는 것이 아니다. 오히려 자신을 신뢰하지 못해 실패하는 경우가 많다. 조금만 자신감을 가져도 놀라운 일을 해낼 수 있지만 그렇지 않으면 정말 곤란한 상황에 빠지고 만다.

8) Skill 8: 항해하기(Navigating for Menger)

멘토링 대상의 꿈을 어느 정도 파악했다고 해서 멈추어서는 안 된다. 도착지가
어딘지 알아야 한다. 멘제가 분투하는 목적지를 찾는 데 도움을 주기 위해서는 그
에게 정말 중요한 것이 무엇인지, 무슨 생각을 갖고 있는지 알아야 한다. 즉 다음
과 같은 것을 알아야 한다.

- 멘제가 무엇을 열망하는가?

그가 진정으로 원하는 목적지를 알려면 그의 마음을 움직이는 요인이 무엇인
지 알아야 한다. 물론 열정과 동정심도 중요한 요인이다. 그러나 역사 속의 위대
한 사람들이 위대한 이유는 그들이 이미 얻은 것 때문이 아니라 앞으로 얻기 위
해 삶을 바치는 대상 때문이라고 한다. 마음의 귀로 들으라. 그러면 멘제가 삶을
바쳐 얻고자 하는 대상을 알 수 있다.

- 멘제가 무엇을 노래하는가?

사람의 마음을 감동시키는 것은 오랜 시간을 두고 볼 때 많은 열정을 쏟아야
한다. 멘토링에서도 멘제 속의 열정을 찾으면 그가 원하는 목적지에 대한 단서를
얻을 수 있다.

- 멘제가 무엇을 꿈꾸는가?

"비전과 꿈을 영혼의 자식이라도 되는 양 소중히 여겨라. 그것들은 바로 궁극

적인 성공의 청사진이다(Naoleon Hill)." 진정한 꿈을 발견하면 목적지가 드러난다. 멘제가 꿈을 발견하고 목적지를 알 수 있도록 도움을 주어라.

☐ 목적지를 확인하라.
멘토가 성장시키기로 결심한 멘제에 관하여 생각해 보라. 그의 목적지는 어디인가?
그를 열망하고 노래하고 꿈꾸게 만드는 요인을 찾아 적어 보라.
- 열망하게 하는 요인-
- 노래하게 하는 요인-
- 꿈꾸게 만드는 요인-

☐ 예측하라.
멘제에 대한 당신의 경험과 지식을 바탕으로 미래에 그에게 닥칠 어려움을 예상하여 적어 보라.
1.
2.
3.

☐ 미리 계획하라.
그러한 미래의 문제를 해결하는 데 여러분은 어떤 도움을 줄 수 있는가? 언제 어떻게 도울 것인지 적어 보라.
1.
2.
3.

---

9) Skill 9: 능력부여(Empowering for Menger)

능력을 부여하면 사람을 통해 일할 수 있게 된다. 하지만 능력을 부여한 사람에게만 유익이 있는 것은 아니다. 능력을 부여받은 사람도 개인 및 직업상 발전에서 최고의 수준에 이를 수 있다. 간단히 말해 능력 부여란 개인 및 조직의 성장을 위해 자신의 영향력을 나누어 주는 것이다. 남의 삶에 투자해 최상의 노력을 이끌어 내려는 목적으로 자신의 영향력과 지위, 권력, 기회 등을 나누어 주는 것이다. 또 남의 잠재력을 보고 자신의 자원을 나누어 주며 진적으로 믿어 주는 것이다

능력 부여는 삶을 변화 시키고 자신과 멘제 모두에게 유익을 끼친다. 능력을 부여하는 일은 자동차와 같은 물건을 멘제에게 주는 일과 다르다. 차를 주면 내가 걷거나 대중교통을 이용하는 불편을 겪어야 한다. 그러나 능력을 주는 일은 정보를 나누는 일과 비슷하다. 즉 전혀 손해를 보지 않고도 멘제의 능력을 높여 줄 수 있다.

10) Skill 10: 재생산하기(Reproducing for Menger)

멘토링이라 멘토와 멘제가 일정기간 동안 달리는 항해라고 볼 수 있다. 이 과정의 마지막 단계에서 멘토는 멘제와 함께 달리는 법을 배운 셈이다. 멘토는 진실성의 모범을 보이는 일이 얼마나 중요한지 알고 있다. 그리고 양육, 남에 대한 신뢰, 귀를 기울이고 이해하는 자세를 통해 동기를 부여할 수 있게 되었다.

또 멘토링을 통해서만 멘제가 진정으로 성장할 수 있다는 점을 알고 있다. 즉 성장시키고 함께 인생의 어려움을 극복하면서 항해하고 관계를 맺고 권한을 부여해야 한다. 이제 멘토는 뛰어난 주자가 되었다. 아울러 멘제를 멘토링했으면 또 한 명의 뛰어난 주자가 탄생한 것이다. 이제 배턴을 넘길 때이다.

하지만 멘토인 당신도 또 다른 주자에게 배턴을 넘기지 않으면 경기는 끝나고 만다. 즉 재생산(Reproducing)의 기회를 놓치고 만다는 것이다. 배턴을 받지 못한 그 주자는 뛸 이유를 상실하고 그와 함께 운동력도 사라진다. 그것이 영향력 있는 사람이 되기 위해서 재생산단계가 매우 중요한 이유이다.

□ 멘토 자신의 리더십 잠재력을 개발하라.
멘토 자신의 리더십 잠재력을 끊임없이 개발해야 멘제에게 리더십을 가르칠 수 있다. 성장을 위한 계획을 아직까지 실천하지 않았다면 지금 당장 시작하라. 다음 3달 동안 매주 검토할 교재와 자료와 촉진 Skill을 선택하라. 그러한 습관을 들일 때만이 성장이 가능하다.

□ 리더십 잠재력을 가진 멘제 후보를 개발하라.
주위 사람들을 성장시키고 능력을 부여하다 보면 미래의 멘제 후보가 나타난다. 그중 가장 잠재력이 뛰어난 사람을 선택해 특별히 멘토로 선정하여 멘토링하고 더 수준 높은 리더십 기술을 가르쳐라. 단, 멘제 후보가 성장을 원하고 미래의 리더십을 키우는 데 적극적인 사람이어야 한다.

□ 단순한 업무 수행이 아니라 리더가 되는 법을 가르쳐라.
선택한 멘제와 최대한 많은 시간을 보내며 리더십의 모범을 보여라. 매주 시간을 내어 교육과 자료 제공, 세미나 참여 등을 통해 멘제의 리더십 잠재력을 끌어내라. 그의 리더십 잠재력을 최고도까지 끌어내기 위해 최대한 도움을 주어라.

□ 재생산하라.
멘토는 멘제가 훌륭한 리더가 되면 멘제가 멘토로서 멘토링할 대상을 선택하게 한 다음 그를 놓아 주어라. 그리고 멘토인 당신도 또 다른 미래의 리더를 찾아 위의 과정을 반복하라.

다음 도표[William Gray 교수(加 브리티시대) 제공]를 통해 멘토와 멘제의 관계 발전에서 멘토링 활동의 순환적인 재생산을 이해할 수 있으리라 생각한다.

◀ 멘토링 재생산 Mentor−Menger 관계 모델(by '78 William Gray 교수)

Mm−멘토 표시, Pp−멘제 표시(Protege−원어)

$$M \rightarrow \quad Mp \rightarrow \quad MP \rightarrow \quad mP \rightarrow \quad P$$

정보 제공형	안내형	상호 협력형	확인형	재생산 달성
양육해 주는 유형		능력을 부여하는 유형		인재 재생산 유형

오늘날의 멘제는 성공을 거두기 위하여 멘토로부터 양육을 받고(Nurturing), 능력을 부여 받는 것(Empowerring) 두 가지가 필요하다. 멘토들은 유연성 있는 방식인 '4가지 멘토링 유형'을 사용하는 것을 배움으로써 두 종류의 도움을 줄 수 있다.

인류 역사를 통한 전통적인 멘토링 패러다임은 '멘제에게 지혜를 전수해 주고, 조언을 하고, 안내자였던 사람'으로 멘토를 정의한다. 이러한 사전적 정의는 '멘토가 주인'이라는 사고에서 비롯되었으며, 어떤 분야에 있어서 대부분의 사람들에 대한 지식의 원천일 때만 성립된다. 멘토의 역할은, 멘토가 알고 있는 지식으로 멘제를 세우는 것이었다.

그래서 멘제도 그 지식을 잘 알게 되는 것이다. 이러한 것은 종종 멘토의 복제품인 멘제를 만드는 결과가 되기도 하였다.

오늘날 제도적 멘토링(System Mentoring)에서의 멘제는 과거의 멘제보다 훨씬 교육도 잘 받고, 좀 더 다양한 삶을 살아왔으며, 직업적 경험도 많다. 그럼에도 불구하고, 그들은 여전히 멘토의 경험으로부터 얻은 실무적 노하우와 지혜로 세움 받기를 필요로 한다. 왜냐하면 이러한 것들은 혼자서나 연수과정을 통해선 적절하게 학습될 수 없기 때문이다.

오늘날의 멘제는 또한 그들의 꿈과 열정을 추구할 다양성, 창의성, 아이디어 및 독창력을 발휘할 능력을 받을 필요가 있다. 이것은 조직이 멘토링 프로그램을 후원하여 멘제들이 혁신적으로 조직에 공헌하도록 함으로써 가능하다. 이와 같은 멘토링 인재개발 기법으로 각 조직은 급변하는 경쟁세계 속에서 정체되거나 진부화되지 않고 인재 재생산을 통하여 인재경쟁력 확보를 할 수 있는 것이다.

제3장
열정(Passion)기술 개발

오늘날 우리 사회는 균형을 상실한 하이테크(Hightech) 중심과 자유경쟁으로 인한 부작용으로 인간성 상실과 공동체 위축이라는 심각한 상황에 처해 있다.

좀 더 구체적으로 말하자면 경제발전으로 인한 웰빙문화는 우리의 이기주의를 극대화하고, IT 산업의 발전은 노력과 도전보다는 편의성에 안주해 있고, 제도권 학교교육은 인간을 만들기보다는 성적주의 기술자를 만드는 데 기울어지고 있는 현상이다.

멘토링은 먼저 인간에 열정을 품고 타인을 배려하여 우리 사회 구석구석에 사랑의 공동체 구축을 우선하고자 하는 인간개발 프로그램이다.

좀 더 구체적으로 말하자면 개인에게는 인간성을 회복하고, 조직에는 양(量)과 질(質) 관리를 통하여 사랑의 공동체를 구축하고, 업무적으로는 인간성 바탕 위에 생산성과를 얻고자 하는 것이다.

금번 멘토링 열정개발 특집은 하나의 인간이 조직 내에서 자존감을 확인하고 자신의 역량을 개발하여 개인과 조직과 업무에서 올바른 가치관을 확립하고 개인의 만족감과 조직의 효율성을 높여 놀라운 성과를 도출하고자 하는 것이다.

INDEX

3-1. 열정개발 프로그램 소개

개인적으로 누구나 감정이 모든 것을 압도하거나 어떤 것에 열정적으로 몰두하게 되는 상황을 경험해 본 적이 있을 것이다. 열정의 감정이 몸 전체에 퍼지면 자신도 모르게 당면 과제를 이루어 내는 예기치 못한 에너지를 발견하게 된다.

이러한 감정적인 행위는 개인뿐만 아니리 집단을 통해서도 분출될 수 있는데 특별히 구성원들의 열정에 불을 붙여서 경쟁자들보다 더 높은 성과를 달성하게 만든다. 리처드 장은 "열정적인 회사는 열정 없는 회사보다 고객 충성도가 56%, 생산성이 36%, 수익성이 27% 높다"고 말했다.

금번 조직의 열정개발 특집은 이 분야의 세계적인 권위자인 리처드 장과 카첸바흐의 저술을 참고로 하고 그동안 멘토링코리아에서 현장 실습한 인간존중 멘토링 전략을 조합하여 한국적 열정개발 프로그램으로 소개한다.

· 참고도서 1

존 R. 카체바흐: 열정컴퍼니

· 참고도서 2

리처드 창: 성장비밀 열정 경영

1. 참고도서 1

존 R. 카첸바흐: 열정컴퍼니

존 R. 카첸바흐(Jon R. Katzenbach)
저서:
열정컴퍼니(세종서적 출간 2002.05.01.)
(Peak Performance: Aligning the Hearts of Your Employees)

1) 열정프로그램 개요

(1) 정의: "열정을 가지고 감정적으로 헌신(Emotional Commitment)함으로써 회사를 위해 지속적인 경쟁 우위를 이루는 제품 또는 서비스를 만들거나 제공할 수 있는 종업원 집단을 만드는 것이다."

(2) 목적: 열정을 가지고 회사에 감정적으로 헌신하여 최고의 성과를 낼 수 있는 직원을 어떻게 만들 수 있을 것인가?

(3) 분석방법: 높은 성과를 이룩하는 열정적인 직원을 보유함으로써 경쟁우위를 확보하고 있는 것으로 보이는 기업을 조사·분석한다.

(4) Key Point

① 첫째, 감정적 헌신을 위해 어떻게 직원들의 열정을 발생시킬 수 있을 것인가?

② 둘째, 이러한 열정을 최고의 성과를 달성하기 위해 어떻게 집결시킬 수 있을 것인가?

(5) 열정경영 Mission: 최고의 성과(Peak Performance)를 낼 수 있는 활력에 찬 직원을 만드는 것이다.

2) 열정경영 5가지 노하우

어떻게 하면 우리 직원들이 신명나게 움직일까? 회사의 성과는 뻗어 나가는데 직원들의 마음은 불만투성이라면? 직원들의 만족감은 높지만 회사 실적은 형편없다면? 신이 나는 회사, 열정이 넘쳐나는 회사는 그냥 만들어지지 않는다. 직원의 마음을 읽고 회사의 경영원칙에 반영하라. 직원들이 열정을 최고의 기업 성과로 만드는 다섯 가지 노하우는?

① 사명감과 가치관으로 열정을 일으켜라.

② 명확한 성과 측정과 업무기준을 제시하라.

③ 직원의 창업가 정신을 고취하라.

④ 개인의 발전을 장려하고 고무하라.

⑤ 돈 이외의 인정과 보상을 아낌없이 제공하라.

3) 조직에의 적용

사업조건, 기업문화 등 기업이 처한 상황에 적합한 열정의 원천을 선택하고 이러한 열정이 최고의 성과를 달성하는 방향으로 집중시키는 보완적인 조율 방식의 신중한 선택/적용이 핵심이다.

균형적 접근방식 (Balanced Path)	가장 유망한 열정의 원천	빈번하게 활용되는 조율방식
사명 · 가치 · 자긍심 (MVP)	· 사람의 마음을 사로잡는 마력을 가진 리더 · 원대한 꿈 · 사람의 마음을 사로잡는 유산	· 보다 커다란 그림을 창조한다. · 가장 중요한 것이 무엇인지를 명확히 한다. · 분명한 목적을 가지고 선발한다. · 구성원들에게 그들의 진정한 가치를 보여 준다
프로세스와 측정기준 (P&M)	· 역동적 시장 · 엄격한 고객	· 성과에 대한 투명성을 제공한다. · 리더십을 폭넓게 분산시킨다. · 작업 그 자체를 강화시킨다.
창업가 정신 (ES)	· 사람의 마음을 사로잡는 마력을 가진 리더 · 원대한 꿈 · 역동적 시장	· 폭넓은 기회를 창조한다. · 리더십을 폭넓게 분산시킨다. · 분명한 목적을 가지고 선발한다. · 중요한 의미를 지니는 인정과 보상을 제공한다.
개인적인 성취 (IA)	· 역동적 시장 · 엄격한 고객	· 가장 중요한 것이 무엇인지를 명확히 한다. · 성과에 대한 투명성을 제공한다. · 분명한 목적을 가지고 선발한다. · 폭넓은 기회를 창조한다.
인정과 축하 (R&C)	· 사람의 마음을 사로잡는 마력을 가진 리더 · 역동적 시장 · 사람의 마음을 사로잡는 유산	· 구성원들에게 그들의 진정한 가치를 보여 준다. · 집단 에너지를 발생시킨다. · 중요한 의미를 지니는 인정과 보상을 제공한다.

2. 참고도서 2

리처드 창: 성장비밀 열정 경영

리처드 창(Richard chang)

저서: 성장의 비밀 열정경영
(위즈덤하우스 출간, 2005. 08. 03.)
(The Passion Plan of Work: Building a Passion — driven organization)

1) 조직 내 열정을 확산시키는 방법

(1) 열정은 리더로부터 시작된다.

리더들이 모델이 되어 열정적인 모습을 보여 주어야만 조직 내에 열정이 빠르게 퍼질 수 있다. 요란하거나 거창할 필요는 없지만, 그들이 신뢰감을 주어야만 구성원들은 확신을 갖고 움직일 수 있다.

(2) 끊임없이 열정에 대해 알려라.

구성원들을 개인적으로 만나거나 메모와 이메일, 회사 사보, 교육 프로그램 등과 같은 전달수단을 통해 명확하고 지속적으로 구성원들과 의사소통을 하라.

(3) 열정을 공유하고 자극할 수 있는 열정 친화적인 작업환경을 만들라.

물리적으로 불안하거나 에너지를 소모시키는 장소에서는 결코 열정을 느낄 수 없다. 창의적인 작업 환경이 중요한 광고 회사이건, 안전규정이 중요한 제조 공장이건 열정 친화적인 환경은 어디에서든 가능하다.

(4) 열정과 기업의 현실 사이에 일관성이 있어야 한다.

회사의 정책과 관행이 핵심 열정과 배치된다면 직원들은 혼란스러워하고 의욕을 상실하게 된다. 말로는 열정을 강조하면서도 복장정책과 출근정책, 휴게실 규칙 등과 같은 사소한 것들이 열정을 무시하는 메시지를 전달한다면 어떤 열정도 뿌리내릴 수 없다.

2) 열정이 주는 10가지 혜택

(1) 방향과 초점을 제시한나.

(2) 에너지를 만든다.

(3) 창의성을 키운다.

(4) 업무성과를 높여 준나.

(5) 행동을 고양시킨다.

(6) 직원과 고객을 끌어 모은다.

(7) 충성심을 높인다.

(8) 조직을 단합시킨다.

(9) 결정적 우위를 제공한다.

(10) 조직의 수위를 끌어올린다.

3) Passion 열정 Plan 7단계

Step 1: 성공기반이 될 동기를 찾아라.

이성에 기초한 조직에서 열정을 추구하는 조직으로 도약하기가 쉽지 않아 보일 수 있다. 조직의 리더들과 구성원들은 사업을 할 때 격정적인 경쟁의식 외에는 감정을 배제해야 한다는 전통적인 편견을 극복하고, 열정을 성공의 근원으로 여겨야 한다.

Step 2: 성공으로 이끌 핵심 열정을 파악하라.

많은 조직들이 설립 초기에 갖고 있던 열정을 느끼지 못하면서 성장해 왔다. 어떤 조직들은 그동안 마음과 초점의 변화를 경험했고, 또 어떤 조직들은 열정에 대해서 단 한 차례도 생각해 보지 않았다. 조직이 열정의 힘으로부터 혜택을 얻으려면 먼저 열정이 어디에 있느냐부터 찾아내야 한다.

Step 3: 구체적인 목표를 정하라.

대부분 조직은 조직이기 때문에 목적을 갖고 있다. 시장의 욕구나 리더들의 바람 혹은 컨설턴트의 충고 등이 조직의 현재 활동을 정의한다. 조직 구성원들 역시 그들의 맡은 임무를 수행하는 데 목적을 정해야 한다. 개별직원들이 목적을 결정할 수 없어도 각자하는 일에 대한 명분을 세울 수는 있다. 고객을 기쁘게 하는 데 헌신하는 한 사람의 직원이 개인적 성취와 그에 따른 영향에 기초해서 조직 내부로부터 고객서비스 운동을 시작할 수도 있다.

Step 4: 변화와 성장을 위한 전략을 짜라.

조직의 리더들이 조직을 움직이게 만드는 연료(조직의 열정)와 그 연료를 사용해서 나아갈 곳(조직의 목적)을 명확하게 정의했다면, 이제는 목적으로 나아가기 위한 계획을 세워야 한다.

Step 5: 열정을 성과로 연결하라.

조직의 리더들이 탐색과 계획 수립과정을 혼자서 다 해 버렸다면, 그들이 소개하는 변화는 조직 내외에 있는 사람들에게 충격적으로 느껴질지 모른다. 리더들은 조직의 구성원들이 열정을 분출하면서 업무성과를 최대한 높일 수 있도록 주변의 물리적 환경을 개선시킬 수 있어야 한다.

Step 6: 고객에게까지 열정을 퍼트려라.

조직이 열정을 갖고 행동하게 되면 점차 많은 주목을 받게 된다. 열정적인 사람들은 대부분의 사람들이 좌절과 불만에 직면하는 세상에서 등불처럼 빛나는 존재이다. 그들은 리더와 고객과 동료직원들이 조직 전반의 열정을 높일 수 있도록 영향을 줄 수 있다. 결과적으로 하나의 불꽃을 불기둥으로 만드는 것이다.

Step7: 지속적으로 열정을 유지하라.

일반적으로 열정에 기초한 변화를 시작한 조직의 사기는 높다. 놀랍게도 그러한 조직은 생각했던 것보다 변화가 어렵지 않다는 사실을 깨닫게 되면서 더욱 힘을 얻는다. 열정은 그 무엇보다도 중요시돼야 한다. 개인적 차원에서 변화를 모색하는 구성원들에게도 마찬가지다. 조직과 개인 모두 헌신적인 책임감을 가져야 하며, 이익을 내기 위해서는 포기하지 말아야 한다.

4) 리처드 창의 열정주의 TIP - 10

(1) 열정이란 소수 행운아들만의 특권이 아닌, 모든 조직이 활용할 수 있는 공평한 경쟁 우위다.

(2) 열정이 주는 혜택을 얻기 위해서 조직은 열정을 고안하는 활동에 몰두해야 한다.

(3) 삼성이 무시되거나 억눌리면 그 결과로 개인이나 조직의 잠재력이 모두 실현되지 못한다.

(4) 핵심 열정은 조직의 마음을 정의한다. 이것은 타협이 불가능하다.

(5) 열정은 여러분의 일부다. 목적은 여러분의 창조하는 무엇이다.

(6) 여러분 열정에는 계획이 필요 없다고 생각할지 모른다. 그러나 열정은 조직 내에서 성장하고 지속되기 위한 구조가 필요하다.

(7) 지금 하는 일이 마음속으로 하고 싶은 일이라면 즐겁고 후회 없이 그 일을

하게 될 것이다.

(8) 직원들이 맡은 일에 대해서 열정적일 때 조직은 번성한다.

(9) 열정을 생생하게 유지하기 위해서는 단순히 열정을 지키는 것뿐 아니라 열정을 확장시킬 기회를 찾아야 한다.

(10) 조직이 성장하게 되면 기존의 열정이 발전해서 새로운 열정이 분출될 수 있다.

3-2. 열정지수 측정 Workshop

· 개인 자의: 조직에서 구성원 개인이 자존감으로 자기실현을 위한 자발적인 노력과

· 조직 타의: 조직의 효율적인 성과를 위하여 업무 차이와 인간 차이를 줄이는 것이다.

[균형을 이루는 열정]

① 自意-Will: 자기 의지로 자기의 열정으로 이뤄 내는 것

② 他意-Shall: 타인(조직)의 의지로 열정으로 이뤄 내는 것

1. 창업 경영자의 열정

매일경제 열정경영 특집(2010년 6월 25일자)

\# "우리 목숨 걸고 일합시다. 실패하면 우향우해서 모두 영일만 바다에 빠져 죽읍시다."(1968년 당시 박태준 포항제철 사장)

"이봐, 해 봤어?"(고 정주영 현대 창업주)

1960년대 말~1970년대, 우리에게는 기업가정신으로 똘똘 뭉친 리더들이 있었

다. 삼성의 이병철, 현대의 정주영, LG의 구인회, 포스코의 박태준…. 한국의 경제
성장을 견인하며 기업을 키워 온 창업 1세대들이다. 이들의 리더십은 수많은 무
용담과 함께 전해 내려오고 있다.

그러나 창업주들의 이야기가 '전설'로 남은 데는 뛰어난 리더십만 작용한 게
아니다. 이러한 전설은 실패를 두려워하지 않던 과거 리더들의 불도저식 경영을
묵묵히 따른 수많은 직원들, 대한민국의 국민이 함께 만들어 낸 역사다.

가난했던 1970년대. 이들에게는 가족을 지켜야 한다는 뚜렷한 목표의식이 있었
다. 열심히 일한 만큼 회사와 국가 경제가 빠른 속도로 성장하는 것에 대한 '성취
감'도 있었다. 목표와 성취감은 상대적으로 열악했던 업무 환경에서도 이들을 더
욱더 업무에 몰입하게 했다.

사회와 기업은 풍요로워졌지만 대신 열정으로 똘똘 뭉쳐 절박한 마음으로
업무에 몰입하는 직원들이 사라져 가고 있다. 존 카첸바흐는 그의 저서『열정 컴
퍼니(Peak Performance)』에서 "직원들은 자신이 속한 기업집단이 이룩한 성취와 이
집단에 기여한 자신의 구체적인 공헌에 대해 자부심을 느낀다"고 말했다.

적어도 1970년대 한국은 카첸바흐의 말대로 '열정 컴퍼니' 자체였다. 1970년대
는 벼랑 끝에 몰려 있는 듯한 위기의식과 회사를 함께 키워 나가야 한다는 목표
의식을 공유하던 때였다.

하지만 이제는 시대가 바뀌었다. 당시 임직원이 함께 키워 가던 기업은 이미
덩치 큰 글로벌 기업이 됐고, 한국은 세계 10위권의 경제 대국으로 성장했다.

[한국경제를 세계에 빛낸 열정 경영그룹가문 Global Company]

그룹	1대	2대	3대	4대
삼성	이병철	이건희	이재용	
현대	정주영	정몽구	정의선	
LG	구인회	구자경	구본무	
SK	최종건			

2. 현대경영에서 열정 상황

"지금 다니는 회사에 만족한다(62%). 그러나 이직을 원한다(61%)."

말이나 행동의 앞뒤가 서로 맞지 않는 상황을 모순(矛盾)이라고 한다. 지금 다니는 회사에 만족한다고 말하면서 회사를 떠나고 싶다고 말한다면 이는 분명 모순이다. 하지만 이 모순은 현실에서 그대로 드러나고 있다.

매경 MBA팀이 지난 5월(2010) 한 달간 리서치회사 GB컴퍼니와 공동으로 국내 30대 그룹 근무자 1,500명을 대상으로 1 대 1 면접조사를 실시한 결과다. 이를 어떻게 해석해야 할까. 답은 '열정을 잃은 사회'다.

'회사를 함께 키워가야겠다'는 열정보다는 '회사는 다닐 만하지만 더 편하게 일하고 싶다'는 안일한 생각이 직원들의 정신세계를 사로잡고 있다. 사회와 직원 사이에 팽배한 '고장 난 열정'이 기업의 도약을 가로막고 있는 것이다.

이는 회사 문제에 국한된 게 아니다. 자칫 잘못하면 대한민국이 일본병(病)을 그대로 답습할 수 있다. 디플레이션과 경기침체라는 이중고를 10년 이상 끌어안고 있는 일본도 한때는 세계에서 가장 빨리 성장하는, 열정이 꿈틀대던 경제 대국이었다. 하지만 어느 순간 성장을 멈춘 '무기력한 나라'로 전락했다.

저서 『하류사회』를 통해 일본의 현실을 지적한 작가 미우라 아쓰시는 올해 초 매일경제신문과 인터뷰에서 "70년대 이후 태어난 일본 젊은 세대들은 더 이상 잘 살아보겠다는 목표의식이 없다"며 "일본의 문제는 경기침체보다는 국민의 의욕 상실"이라고 진단했다.

고도성장기는 끝났지만 아직 이를 대체할 경제 모델과 의식의 변화가 오지 않는 비참한 현실은 더 이상 일본만의 것이 아니다. 한국 사회와 기업도 직원들의 의욕을 끌어올리기 위해 최대한의 노력을 기울여야 할 때가 왔다.

■ '열정지수' 체크리스트
15개 넘으면 해당…. 몇 개나 나왔나요?

열정컴퍼니는 직원들이 회사에 대한 열정과 도전, 목표의식을 가지고 업무에 임한다. 반대로 말하면, 직원들이 자발적으로 열심히 일할 수 있는 환경을 만들어 주는 회사가 바로 열정 컴퍼니다. 아래 25개 문항들은 미국비즈니스 잡지 ≪Inc≫ 에서 미국 내 497개 회사 중 직원의 업무 몰입도가 높은 상위 40개 회사를 연구한 결과다. 당신의 기업이 아래 문항 중 15개 이상에 해당한다면, 당신의 기업도 자신 있게 열정컴퍼니라고 말할 수 있다.

3. 우리 회사 열정지수 진단 Workshop

[A안] − 열정지수(P.I)는 현재 회사의 환경분석으로 구성원 개인의 만족감과 행복 정도를 측정해 보는 것이다.

NO	설문항목	4	3	2	1	0
1	힘든 시기에 직원들 대부분이 110%의 에너지를 발휘한다.					
2	직원들이 타사 동료들에게 회사를 추천한다.					
3	일하기 좋은 직장으로 평이 나 있으며, 좋은 경력의 지원자들이 몰린다.					
4	회사생활에 만족하는 직원이 많다. 즉 이직이 적다.					
5	직원의 스트레스로 인한 생산력 저하가 적다.					
6	혁신에 대해 끊임없이 고민한다.					
7	고객이 회사와 회사의 제품에 대해 높은 만족도와 충성도를 가지고 있다.					
8	매년 성장을 거듭한다.					
9	기업의 성장에 도움이 되는 직원을 뽑는 능력을 가지고 있다.					
10	기업의 이미지, 재정상황, 성장률에서 국내 랭킹 상위권에 든다.					
11	직원들에게 성과에 따라 충분하게 보너스를 제공한다.					
12	직원들이 창의력을 발휘할 수 있는 프로그램을 가지고 있다.					
13	직원들이 오너의 입장에서 회사에 대해 고민할 수 있는 문화를 가지고 있다.					
14	유통업체, 협력업체들과 좋은 관계를 유지한다.					
15	고객에게 최상의 제품과 서비스를 제공해 고객을 회사 전도사로 만든다.					
16	매출의 50% 이상이 기존 고객들에 의해 발생한다.					
17	직원들에게 적당한 업무 시간을 제공하고 시간적 여유를 주고 있다.					
18	크로스 트레이닝(자신의 업무가 아닌 타 부서의 업무도 훈련을 받아 다른 부서에서 인력이 필요할 때 바로 투입될 수 있는 인력)을 하고 있다.					
19	아랫사람들이 자유롭게 상사와 이야기할 수 있다.					
20	기업 내부에서 경력을 쌓은 직원들의 승진 기회가 많다.					
21	직원들의 열정을 북돋워 주는 프로그램을 상당수 가지고 있다.					
22	인턴십이 채용으로 이어지는 비율이 높다.					
23	타 경쟁사의 능력자들이 우리 회사에 매력을 느낀다.					
24	직원들이 업무시간 외에도 회사에 대해 좋은 말을 한다.					
25	어려운 시기에 직원들이 자발적으로 연봉을 줄인다.					

종합평가(합계 점)	100~76	75~51	50~26	25~0
	열정 충만	열정 쌓고	열정문제	열정 없다

자료인용: GB컴퍼니 설문자료(이규복 대표 - 매일경제 2010년 6월 25일자 발표)

[B안] - 열정지수(P.I)는 현재 회사의 환경분석으로 구성원 개인의 만족감과 행복 정도를 측정해 보는 것이다.

P.I 진단도구	항상		가끔		전혀
1. 조직 전반에 걸쳐 긍정적 감정이 있거나 느껴진다.	1 2 3	4 5	6 7	8 9	10
2. 리더들이 조직의 업무에 대하여 열정을 표출한다.	1 2 3	4 5	6 7	8 9	10
3. 조직이 영감의 출처와 (혹은) 조직의 발전을 이끄는 힘을 파악했다.	1 2 3	4 5	6 7	8 9	10
4. 이러한 힘이 CEO로부터 말단 직원에 이르기까지 조직 전반에서 느껴진다.	1 2 3	4 5	6 7	8 9	10
5. 조직에 이러한 힘을 반영하는 커다란 목표나 비전이나 임무가 있다.	1 2 3	4 5	6 7	8 9	10
6. 조직 전반에서 창의성과 혁신이 장려된다.	1 2 3	4 5	6 7	8 9	10
7. 직원들에게 조직에 대한 교육을 시키고 (혹은) 그들의 개인적 발전을 돕는 프로그램과 정책들이 마련돼 있다.	1 2 3	4 5	6 7	8 9	10
8. 조직이 일관된 방향을 정해서 행동한다.	1 2 3	4 5	6 7	8 9	10
9. 고객과 파트너들이 조직과 열정적인 관계를 유지하고 있다.	1 2 3	4 5	6 7	8 9	10
10. 직원과 파트너와 고객이 모두 평판이 좋은 조직을 찾는다.	1 2 3	4 5	6 7	8 9	10
종합평가(합계 점)	100~76	75~51	50~26		25~0
	열정 충만	열정 쌓고	열정문제		열정 없다

자료인용: 리처드 창의 저서 『성장의 비밀 열정경영』에서 인용

4. 직장 열정지수 관리 요령

1) 열정지수 평가목적

열정 등급표는 여러분의 조직이 '열정이 충만한' 환경을 창조해야 할 필요성이 얼마나 되고 또 그를 위한 준비는 얼마나 했는지를 매우 개략적으로 가늠해 보는 지표에 불과할 뿐이다. 이 등급표의 목적은 조직으로 하여금 '열정이 충만한' 조직이 되면서 얻게 될 리더십과 관련된 행동들과 조직적 특성들을 파악하는 과정을 시작하도록 돕는 것이다.

2) 열정지수 평가견과

점수	평가
0~25	열정이 없다.
26~50	열정에 문제가 있다.
51~75	열정을 쌓고 있다.
76~100	열정이 충만하다.

3) 점수 유의사항

4등급: 0~25, 열정이 없다.

열정이 없는 조직의 범주에 속한다. 이러한 조직에는 무기력, 불만, 비예측성, 높은 이직, 혼란, 부진한 성과 등이 나타난다. 이 정도로 열정이 아주 없는 조직은 매우 드물다. 대부분 어느 정도 열정을 보여 주기 때문이다. 그게 아니라면 살아 남기 힘들다. 열정이 없는 조직은 일반적으로 살아남기 위해 몸부림치거나, 망하 거나, 문을 닫거나, 급진적 구조조정 대상이 된다.

3등급: 26~50, 열정에 문제가 있다.

여러분의 조직의 점수는 26~75 사이일 가능성이 많다. 즉 열정에 문제가 있거 나 열정을 쌓고 있는 중이다. 26~50에 속하는 열정에 문제가 있는 조직은 열정 결핍에 따른 부정적인 영향 때문에 고생을 하지만 0~25에 속하는 조직보다는 그 정도가 덜하다. 아마도 이러한 조직에 속하는 사람들은 조직에 계속 관여하면서 적절한 업무 성과를 낼 수 있을 정도로 약간의 열정은 가지고 있을 것이다. 그러 나 조직이 살아남는다고 해도 조직 내 많은 사람들에게 혜택을 주지 못한다. 열정 에 문제가 있는 조직은 불균형, 좌절, 부적절함, 모호함, 평범한 업무성과 등을 특 징으로 하며, 조직의 이직률은 높지도 낮지도 않은 편이다.

2등급: 51~75, 열정을 쌓고 있다.

열정을 쌓고 있는 조직은 구성원들의 관심을 유도하고 그들에게 권한을 위임 하는, 열정에 가까운 기질을 보여 준다. 조직은 열정을 개발할 만한 적절한 프로 그램을 갖고 있을 수도 있고 그렇지 않을 수도 있지만 어쨌든 잘 돌아간다. 그 결 과 관심·격려·평등·책임감·명료함·생산성 등의 단어가 어울리는 분위기가 조성된다.

1등급: 76~100, 열정이 충만하다.

열정으로 충만한 조직은 열정의 힘을 이해하고, 열정을 쌓기 위해서 능동적으로 애쓰며, 열정이 주는 많은 혜택들을 향유한다. 이러한 조직은 열의·흥분·지속·충성·성취·풍부를 특징으로 한다.

3-3. 열정개발 멘토링 경영전략

21세기 멘토링 기법으로 먼저 구성원을 1:1 한마음 공동체로서 역량을 개발하여, 그 역량을 발휘하게 하고, 그리고 그 역량을 이전하여 조직의 위기를 극복하면서 직장을 질적·양적 성과를 거두고 결국 행복하고 열정이 넘치는 미래조직 건설을 목적으로 하고 있다.

1. 열정 경영 전략 - 5

1) 열정전략 1

인간성(Humanity) 경영으로 외형에 염두를 두는 생산성(Produtivity) 경영과 균형을 이루는 인간존중 경영방식으로 구성원 개인의 만족감과 조직의 효율성을 목적으로 한다.

2) 열정전략 2

Two way 경영으로 경영자는 큰 사장으로 양적으로 인재 양성하고 멘투는 작은 사장으로 질저으로 인재 양성하는 위임(Delegation)을 통한 인재개발 방식이다.

3) 열정전략 3

CRM(Customer Relation Management) 경영으로 외부고객과 내부사원과의 관계를 제대로 관리하여 내외부 고객을 동시에 만족시키는 전 사원 멘토화 방식이다.

4) 열정전략 4

행복한 가정에서 아버지와 어머니처럼 직장에서도 아버지와 같은 업무중심의 상사와 따뜻한 어머니와 같은 멘토와의 Hightech와 Hightouch로 균형경영 방식이다.

5) 열정전략 5

Mindship으로 신뢰와 존경을 최우선으로 경영자가 구성원의 마음을 얻어 화목하고 행복한 직장을 만드는 방식이다.

탁월 81~100	우수 61~80	보통 41~60	미흡 21~40	위기 0~20

2. 열정개발 경영전략 진단

- 열정전략은 회사열정지수를 올리기 위하여 인간존중 경영을 통하여 미래 희망찬 조직을 이룩하고자 하는 전략이다.

□ 본 점검표는 각 회사의 절대평가이기 때문에 설문에서 어느 것이 맞고, 틀리다고 할 필요는 없다. 측정자가 자사의 지금까지 인재경영의 흐름을 사실대로 측정하면 된다.

□ 작성자는 회사의 전체를 알 수 있는 관리, 인사, 교육, 기획 등의 **초급 관리자 중 선발자와 경영간부급에서 선발자로** 구분하여 평가하고 그 차이와 결과를 비교 분석한다.

□ 다음의 각 설문을 읽고 2점 만점에 실제 점수를 아래 공란에 기록하라.

탁월		우수	보통	미흡	부족
2		1.5	1	0.5	0

주제	번호	진단설문도구	점수
인간성경영 Humanity	1	우리 조직은 구성원을 위한 포용력이 넓다.	
	2	한 사람의 가치를 업무보다 더 중시한다.	
	3	먼저 적성에 맞게 보직 배치를 한다.	
	4	구성원들이 회사의 비전이나 목표를 뚜렷이 알고 있다.	
신뢰경영 Twoway	5	구성원들을 신뢰하여 위임전결이 확대되어있다.	
	6	부서 간 업무/상하 간 대화가 잘 이뤄지고 있다.	
	7	경영층의 언행일치로 구성원들에게 신뢰도가 높다.	
	8	새 방침 시행 전에 구성원들에게 알려 공감대가 이뤄진다.	
만족경영 CRM	9	우리 조직의 제품이나 서비스 품질은 우수하다.	
	10	구성원들의 전문성을 위하여 적극 투자한다.	
	11	구성원 개인별 자료 파일(Data Base)로 인사관리 한다.	
	12	경영자가 사원들에게 약속한 내용은 틀림없이 지킨다.	
감성경영 Hightouch	13	구성원들이 특별히 독서를 많이 하는 편이다.	
	14	구성원들의 성격유형과 취미나 특기가 개발되어 있다.	
	15	가족적인 분위기와 팀워크가 중요시되어 있다.	
	16	업무 이외의 인간적인 배려와 개인생활도 지원해 준다.	
마음경영 Mindship	17	고충 처리 등 슬럼프에 빠진 구성원을 바로 챙겨 준다.	
	18	공로상, 모범상, 우수상 등 표창을 받은 구성원이 많다.	
	19	구성원들이 일한 만큼 대우를 받아 만족도가 높다.	
	20	우리 조직은 책망보다 칭찬을 훨씬 많이 한다.	
합계		간부급 평균( ), 멘토 관리자 그룹평균( )	

[열정지수 측정도표 만들기]

열정지수(P.I) 측정표에서 5가지 주제별로 각 지수(점수)를 먼저 확인하고서 다음 단계로 들어간다. 아래 별을 보면 각 꼭지별로 5칸씩 나눠 있음을 발견할 것이다. 그러면 각 지수별의 만점은 한 꼭지당 20점이므로 한 칸에 4점씩 배섬하여 득점 점수를 가지고 큰 원 속에서 오각형(실제 득점 지수)을 그리면 소속 회사의 인간존중지수 시각화(視覺化)가 된다.

[실행사례]

차병원 49.9, 한전남동발전 66.2, 삼성세크론 46.2, 농림부 48.1, 우정사업본부 47.1

* 노동부 36.3~54(노동부는 8개월 후에 54로 향상)

□ 작 성 자 A:

□ 작 성 자 B:

□ 작 성 일 자:

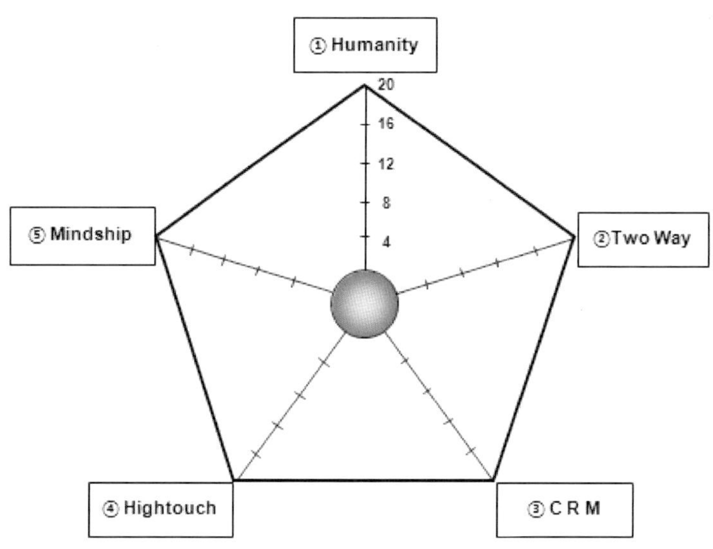

3. 열정전략 환경분석 대안

직장명: 부서: 직위: 성명:

영역	Humanity	Twoway	CRM	Hightouch	Mindship	합계
점수						

* 우리 조직의 좋은 점은 무엇인가?
1.
2.
3.
4.
5.

* 우리 조직의 문제점은 무엇인가?
1.
2.
3.
4.
5.

* 우리 조직 더 좋은 조직으로 되기 위한 대안책은 무엇인가?
1.
2.
3.
4.
5.

제 3 부
멘토링 미팅(Meeting)
촉진기술 개발

제3부에서는 멘토링 현장 활동을 촉진하여 성공율을 높여주는 기술로 미팅에 필요한 3가지 기술인 대화기술, 관계기술, 미팅기술을 실었다.

먼저 멘토링 활동이 활성화되기 위해서는 조직에서 철저한 통제 및 관리가 아니라 적극적인 지원과 기술개발로 멘토가 자생력을 제대로 발휘할 수 있도록 지원하는 것이다.

특히 전통적인 멘토링에서 와는 달리 조직에 적용 되는 제도적 멘토링에서는 멘토를 현장에서 체계 있게 개발하고 실행 시나리오를 통하여 멘도에게 자부심과 책임감을 느끼게 하는 것이 성공의 지름길이다.

1장 미팅 대화 촉진기술

2장 미팅 관계 촉진기술

3장 미팅 상호 촉진기술

제1장
미팅 대화 촉진기술

　멘토의 활동은 효과적인 '대화'에서 시작된다는 점을 명심해야 한다. 그냥 아무 생각없이 내뱉는 말들은 결코 진정한 '대화'라고 할 수 없다. 의미가 담긴 진심어린 대화를 통해서만 서로에 대한 이해와 멘토링의 학습효과를 촉진시킬 수 있다. 가장 기본이 되는 대화기술, 질문기술, 경청 기술 등 4개를 다루었다

INDEX

1-1. 대화 촉진스킬

1-2. 질문 촉진스킬

1-3. 경청 촉진스킬

1-1. 대화 촉진스킬

1. 내화의 출빌

　▶ 멘토와 멘제 간의 자아확대 욕구를 자극함으로써 상대방을 자신의 페이스로 유인하는 것과 함께 대화를 통해 부드러운 분위기를 연출함으로써 상대방이 오픈 마인드를 갖도록 하는 것이 심리 유도에서는 관건적인 문제로 등장한다.

　어떠한 대화라 할지라도 궁극적인 목적은 성공적인 반응을 얻어 내는 데 있다. 그렇지만 대화에서 우선적으로 요구되는 것은 "말하는 사람이 상대방에게 호의

를 보임으로써 상대방을 즐겁게 만들어야 한다는 것"이다. 그 다음에는 정확하게 "상대방이 필요로 하는 정보를 알려 줘야 한다." 그래야만 상대방으로 하여금 확실한 이해를 하도록 유도할 수 있다.

또한 "호소력과 설득력이 있어야 대화의 목적을 달성할 수 있다." 호소력이 있는 말은 상대방으로 하여금 동조(同調)와 행동을 유발시킨다. 결국 출발점은 상대방을 즐겁게 만드는 것, 즉 오픈마인드를 유도하는 것이다. 이것은 단순히 상대방의 기분을 풀어 준다는 의미만은 아니다. 자신이 말하고자 하는 바에 대해 관심과 흥미를 갖고 즐길 수 있도록 만들어야 한다.

상대방을 즐겁게 만드는 것은 원활한 인간관계를 만들어 나가기 위한 기초라고 할 수 있다. 평상시에 활발한 대화를 나누어 흔들림 없는 인간관계를 유지하고 있으면 동조와 행동을 유발하는 설득과 충고 등은 훨씬 수월하게 받아들여질 수 있다. 이것은 처음 만나는 사람과의 대화에서도 마찬가지로 적용된다.

가벼운 대화로부터 상대방의 오픈 마인드를 유도하지 못할 경우 그 이후 대화 단계로의 발전은 상당한 장애를 받을 수밖에 없다. 설득과 충고를 자신의 사정에 따라 강요하거나 성미대로 부딪혀서는 실패를 초래하기 십상이다.

2. 쌍방 커뮤니케이션

▶ 대화의 즐거움은 서로 주고받는 데 있다. 한 사람만 독불장군 식으로 일방적으로 떠들어서는 흥이 깨질 수밖에 없다. 말이 많은 사람이 화술에 능한 것이 아니다. 오히려 미움을 사기 쉽다. 말하는 사람과 듣는 사람이 발언을 끊임없이 주고받고, 그러는 가운데 서로 간의 주장을 존중하며 공감함으로써 인간관계가 돈독해지는 것이다.

그러므로 말이 없는 사람의 경우는 말을 많이 할 수 있도록 의도적으로 유도하는 것이 좋다. 항상 쌍방향 커뮤니케이션에 유의해야 한다.

"즐거운 대화를 위해서는 무엇보다도 화제(話題)가 밝고 전향적이어야 한다." 들어서 불쾌하거나 실망감에 잡히는 주제라면 즐거운 대화가 될 리 없다. 이 경우에는 어두운 표현이나 부정적인 말을 사용하지 않도록 주의한다.

"반대의견을 말할 때도 일단 수긍하며 맞장구를 친다." 그 후에 "하지만 이런 생각도 있네" 하면서 자신의 의견을 이야기하는 것이 좋다. 긍정적인 맞장구, 북돋워주는 맞장구, 발전시키는 맞장구 등을 시기적절하게 사용하면 대화에 신이 난다.

대화할 때마다 다른 사람과 자신의 의견이 다르다는 점을 강조해 돋보이려 하는 사람이 있는데, 이는 다른 사람으로부터 자신을 고립시키는 지름길이다.

"성급하게 자신의 의견만을 고집하거나 원칙론만을 되풀이하지 않는다." 상대방이 원칙론만을 이야기하면 듣는 사람은 일단 수긍은 하겠지만 대화는 거기에서 중단되고 만다. 또 "확실하니까", "다 그런 거야"와 같은 단정적인 말투 역시 대화의 발전에 문제점으로 작용한다.

상대방도 가벼운 마음으로 의견을 말할 수 있어야 공감을 얻을 수 있다. 일방적으로 자신의 결론을 강요하는 것은 공감이 아니다.

3. 상대방과 작은 화젯거리

"첫 대면일수록 이야깃거리가 바닥나 침묵이 흐르는 것은 좋지 않다." 그러나 아무리 화제가 없는 사람이라도 다음과 같은 작은 주제들을 항상 염두에 두고 있으면 쉽게 공통된 화제를 찾아내 대화를 풀어 나갈 수 있다.

[날씨] 날씨의 계절 이야기. "매우 덥군요", "쌀쌀한데요" 등의 이야기는 누구나 함께 이야기힐 수 있다.

[건강] 건강에 관한 이야기. 단순한 안부를 묻는 것에서부터 최근의 건강에 대한 뉴스나 관심사는 누구나 흥미를 가지고 있는 화젯거리다.

[취미] 취미나 오락이야기. 낚시나 골프 등의 취미에 관한 화제, 일단 상대의 취미가 무엇인지 알게 되면 이쪽이 문외한일지라도 질문하는 것만으로도 화제를 풍성하게 할 수 있다.

[섹스] 섹스에 관한 이야기. 섹스라고 해도 점잖지 못한 것이 아니라 좋아하는

여성이나 남성에 관한 밝고 가벼운 화제

[뉴스] 최근 일어난 사건, 사고 이야기. 단, 정치나 종교이야기는 되도록 피한다. 남자들끼리면 스포츠 뉴스는 매우 좋은 화제다.

[실패담] 일의 실패담. 자신의 실패담을 털어놓으면 상대방도 "실은 나도……" 라고 이야기를 꺼낼지 모른다.

[여행] 여행에 관한 이야기. 여행을 별로 즐기지 않는 사람도 신기해한다.

[친구] 친구에 관한 이야기. '내가 알고 있는 사람 중 이런저런 재미있는 사람들이 있는데……'라고 이야기하면 뜻밖에도 서로 함께 아는 친구가 있을지 모른다.

[군대] 군대에 관한 이야기. 남자들에게는 빼놓을 수 없는 화제가 군대 이야기이다. 근무부대 및 특기활동 등이 좋은 화젯거리다.

[가족] 가족에 관한 이야기. 결혼 여부나 가족에 대한 이야기는 누구나 쉽게 할 수 있는 이야기다.

[의] 상대가 입고 있는 옷의 색깔이나 유행에 대하여 이야기한다.

[식] 상대가 식사했는지를 묻는다. 서로가 좋아하는 음식, 술, 식당 등에 관한 이야기를 하면 급속히 가까워지는 경우도 있다.

[주] 갑자기 사는 집이 무엇이냐고 묻는 것은 실례지만, 방향을 달리해 최근에 집을 샀거나 사려고 하는 친구의 이야기는 매우 좋은 화젯거리다.

1-2. 질문 촉진스킬

멘토링에서 멘토가 멘제를 위하여 하는 일은 '삶의 조언자'라는 꽤나 광범위한 역할이라고 볼 수 있다. 그러므로 도움을 주는 특정한 기법을 제시하지 않을 경우 탁월한 멘토에게는 별문제가 없겠지만 대다수 그렇지 못한 멘토에게는 큰 부담이 될 수도 있다.

다음은 실제 멘제와 멘토가 동행하는 데 활동 촉진기법으로 질문스킬과 경청스킬을 소개한다.

1. 질문 스킬의 목적

- 대화에서 질문방법과 관련된 기술
- 멘제가 가지고 있는 가능성을 이끌어 내는 기술

2. 질문스킬의 종류

확대질문 VS 특정질문 · 미래질문 VS 과거질문 · 긍정질문 VS 부정질문

질문/해답	확대질문/특정질문 미래질문/과거질문 긍정질문/부정질문	해답/질문
Mentor		Menger

3. 질문 스킬 예시

특정질문 – 적게	확대질문 – 많이
1. 바로 대답할 수 있는 질문 2. 해답이 하나밖에 없는 질문 1. 올해 입사 몇 년째인가? 2. 고향은 어딘가? 3. 오늘은 며칠인가? 4. 우리나라 대통령은 누군가?	1. 바로 대답할 수 없는 질문 2. 둘 이상 해답이 있는 질문 1 앞으로 어떤 일을 하고 싶은가? 2. 가장 소중하게 여기는 것은?
과거질문 – 적게	미래질문 – 많게
1. 지금까지는 어떻게 했는가? 2. 왜 그걸 하지 않았나?	1. 앞으로 어떻게 해 나가고 싶은가? 2. 그것을 완수하기 위해서는 어떻게 하는 것이 좋겠는가?

부정질문-NO		긍정질문-YES
1. 어째서 일이 순조롭게 진행되지 않는가?		1. 어떻게 하면 일이 순조롭게 진행될 수 있겠는가?
2. 뭐가 확실하지 않는 거지?		2. 뭐가 확실한 것이 될 수 있겠는가?

4. 질문스킬 사례

[부정적인 질문 사례]

멘제: "과장님, 이 판촉 프로젝트 건에 관한 것입니다만……."

멘토: "그래, 그건 잘되고 있겠지?"

멘제: "예, 대체로 순조롭게 진행되고 있는 것 같은데……."

멘토: "그래, 그거 다행이군. 그런데 하고 싶은 말은 그것뿐인가?"

멘제: "저, 그게 말입니다……."

멘토: "뭔가? 무슨 문제라도 생긴 건가?"

멘제: "아, 아뇨. 큰 문제라고 할 것까지는 못 됩니다만……."

멘토: "그럼 뭔가?"

멘제: "그게 말이죠. 대리점 A사에 관한 일인데……."

멘토: "A사가 왜?"

멘제: "그쪽이 아무래도 이번 프로젝트에 동조하지 않는 것 같습니다만……."

멘토: "뭐야! 그게 도대체 무슨 말인가?"

멘제: "네, 그게 사실 저도 잘 모르겠습니다."

멘토: "뭐, 몰라? A사는 자네 담당이 아닌가?"

멘제: "그건 그렇지만, 그쪽에서 별다른 말이 없어서……."

멘토: "A사는 이번 판촉 프로젝트에서 가장 중요한 열쇠를 쥐고 있는 대리점이 아닌가? 그건 자네도 알고 있겠지? 어째서 사태가 이지경이 될 때까지 아무런 대책도 세우지 않았나?"

멘제: "죄송합니다."

멘토: "죄송하다고? 지금 그걸 말이라고 하나? 내가 직접 A사 이사에게 사정을
　　　해야 되겠구먼."

멘제: "예, 감사합니다……."

[긍정적인 질문사례]

멘제: "과장님, 이번 판촉 프로젝트 건에 관한 것입니다만……."

멘토: "그래 어떻게 되어 가고 있는가?"

멘제: "네, 전체적으로 순조롭게 진행되고 있지만, 부분적으로 마음에 좀 걸리
　　　는 부분이 있어서……."

멘토: "그래 어떤 부분이 그런가?"

멘제: "네, 대리점 A사가 아무래도 비협력적인 것 같습니다."

멘토: "그래?"

멘제: "네, 어쩐지 동조하지 않는 것 같습니다."

멘토: "동조하지 않는다? 그렇다면 자네 생각에는 어떻게 하면 좋겠는가?"

멘제: "솔직히 아직 잘 모르겠습니다."

멘토: "그래? 그럼, 자네는 어떻게 하는 게 가장 이상적이라고 생각하나?"

멘제: "그건 A사가 우호적으로 변모할 수 있도록 우리 그룹 전체가 하나가 되
　　　어 이 프로젝트에 몰두하는 것입니다."

멘토: "그래, 그 일을 위해 자네가 할 수 있는 깃은 무엇이라고 생가하나?"

멘제: "글쎄요. A사가 왜 비협조적인지 그쪽 남당자에게 솔직히 물어보면 어떨
　　　까요?"

멘토: "그래, 좋아. 그럼 거기서부터 시작하자고."

멘제: "네, 과장님. 감사합니다."

◀ *질문의 정리*

부정적 질문에서는 결국 대리점 A사에 멘토가 직접 부탁하겠다는 말을 들음으로

써 멘제는 무력감 내지 패배감을 맛보게 된다. 한편 긍정적 질문에서는 결국 멘제는 자신의 의지대로 A사에 도전해서 그 해답을 스스로 찾아냈다는 기쁨을 느낄 수 있다.

1-3. 경청 촉진스킬

경청 스킬은 멘제의 이야기를 어떤 식으로 듣느냐 하는 듣기 방법과 기술이다. 어떤 경청 방법이 멘제의 가능성을 최대한 끌어낼 수 있는지가 포인트이다. 멘제의 이야기를 듣는 태도에 따라 '귀로 듣는다', '입으로 듣는다', '마음으로 듣는다'로 구분할 수 있다. 멘제의 업무촉진을 위해 가장 좋은 방법은 '마음으로 듣는다'라고 볼 수 있겠다.

1. 경청 스킬의 목적

- 대화에서 경청방법과 관련된 기술
- 멘제가 본래 가지고 있는 능력이나 가능성을 최대한 발휘해서 자아실현을 할 수 있게 하는 기술

2. 경청 스킬의 종류

귀로 듣는다,　　입으로 듣는다,　　마음으로 듣는다

경청		질문
	마음으로 듣는다 입으로 듣는다 귀로 듣는다	
Mentor		Menger

3. 경청 스킬 예시

귀 로 듣 는 다	1. 겉으로는 드는 척하고 머리로는 딴 생각으로 가득 찬 상태 * 잡념, 사념, 고정관념, 선입견 등등 표현: 1) 요점만 말해 난 지금 바쁘단 말이야. 2) '그건 옳아, 그건 틀려' 식의 고정관념 3) '자네가 말하고 싶은 건 분명 이러한 것일 거야' 식의 선입견 개선: 멘제 중심의 180도 경청 방향으로 선회해야 함
입 으 로 듣 는	1. 멘제의 이야기를 귀담아듣는 스타일로 '신중하게 듣는 중이야'라는 반응을 보인다 – 면접시험관 스타일 2. 문제점 – 누구를 위해 듣는가? 나를 위해 듣는 면접 시험관? 바른 경청: 1) 멘제 중심의 경청으로 관심을 보일 수 있는 입으로 질문하는 스타일 2) 음성을 듣는 것이 아니라 말하는 내용에 중점을
마 음 으 로 듣 는 다	1. 멘제의 자아실현을 위하여 가장 좋은 경청방법 2. 멘제 입장에서 이야기를 경청하고 멘제가 느낄 수 있는 반응 3. 자아실현 – 멘제가 스스로 해답을 찾을 수 있도록 서포트 서포트 방법: 1) "이쪽이 자네를 위해 더 나을 걸세." 2) 멘토의 척도가 아니라 멘제의 척도에 맞게 대응 3) 멘제가 이야기하고 싶은 것을 듣는다.

4. 경청스킬 사례

[부정적인 경청 사례]

멘토: "요즘은 어떤가?"

멘제: "네, 며칠 야근했더니, 좀 체력이 달리네요."

멘토: "내가 묻고 싶은 것은 그런 게 아니라, 자네 영업 활동이 어떻게 되어 가
     고 있는지를 묻고 있는 걸세."

멘제: "아, 예. 글쎄요. 그것도 그럭저럭 그러네요."

멘토: "그럭저럭 그렇다니? 그건 무슨 뜻인가?"

멘제: "네, 이리 뛰고 저리 뛰고 노력하는 데 비해 고객의 반응이 영 신통치 않
     는 것 같아서……."

멘토: "이리 뛰고 저리 뛰고 노력한다고? 구체적으로 뭘 하고 있는데?"

멘제: "저, 그게 말이죠. 지금까지 저희 상품을 구입한 고객들에게 세일소식을 전하는 엽서를 보내기도 하고……"

멘토: "뭐야, 고작 그런 걸 갖고 노력한다고? 그건 다른 세일즈맨들도 하고 있는 거잖아? 좀 더 기발하고 참신한 아이디어가 없냐 말야?"

멘제: "그렇지만 야근 수당도 없는 상태에서 매일같이 야근이 계속되니까……"

멘토: "야근? 남아서 자네는 뭘 하는데?"

멘제: "그러니까 고객들에게 안내 엽서를 발송할 때도 있고요……"

멘토: "엽서는 조금 전에 들었네. 그리고 그런 일 가지고 굳이 야근할 필요가 있을까?"

멘제: "하지만 요즘 같은 불황 때 한 장 한 장 정성스럽게 쓰는 쪽이 고객에게 좋은 인상을 줄 것 같아서요……"

멘토: "그건 그렇지만, 낮 시간을 잘 활용하는 방법이 좋지 않을까?"

멘제: "네, 하지만 낮에 보다 효과적으로 고객과 접촉하려면, 그런 정성이 담긴 엽서 쓰기도 중요할 것 같은데요……"

멘토: "그래? 뭐든지 좋지만 좀 더 머리를 짜내서 영업 실적을 올릴 수 있도록 분발하게나."

멘제: "예."

[긍정적인 경청 사례]

멘토: "요즘 어떤가?"

멘제: "네, 며칠 야근했더니. 좀 체력이 달리네요."

멘토: "그런가? 그럼 그 문제를 해결할 만한 대책은 생각해 둔 게 있나?"

멘제: "글쎄요, 뭐 달리 대책이라고 말씀 드릴만한 것은 아직……"

멘토: "그럼 그 점에 대하여 허심탄회하게 얘기해 볼까?"

멘제: "네, 잘 부탁드립니다."

멘토: "그래, 자네는 어떻게 하고 싶은가?"

멘제: “물론, 솔직한 심정으로 야근을 줄이고 집에서 느긋하게 휴식을 취하고
　　　싶지만……”

멘토: “그래. 그럼 어느 정도 야근이 줄면 집에서 느긋하게 쉴 수 있겠는가?”

멘제: “글쎄요. 한 시간만 빨리 퇴근할 수 있어도 굉장히 다를 것 같은데요.”

멘토: “그래. 그럼, 한 시간 빨리 퇴근하기 위해 자네가 할 수 있는 일은 어떤
　　　것이 있을까?”

멘제: “지금은 저희 상품을 구입한 고객에게 손으로 직접 쓴 안내 엽서를 발송
　　　하고 있지만 그것을 워드프로세스로 처리한다면……”

멘토: “그래. 좋아. 워드프로세스로 문서 작성하기. 그럼. 그렇게 하면 ‘매일 한
　　　시간 먼저 퇴근한다’는 자네 목표는 달성할 수 있겠나?”

멘제: “네, 하지만 요즘 같은 불황에 한 장 한 장 정성스럽게 손으로 직접 쓰는
　　　쪽이 고객에게 좋은 인상을 줄 것 같아서……”

멘토: “그러면 결국 고객에게 좋은 인상을 주는 안내 엽서를 빨리 작성하면 된
　　　다는 것이구먼.”

멘제: “네, 바로 그거죠.”

멘토: “뭔가 좋은 방법이 있을 텐데?”

멘제: “글쎄요, 그러고 보니까 굳이 전부 손으로 작성할 필요는 없을 것 같습니
　　　다. 어떤 고객에게나 공통되는 부분은 워드로 치고 개별 부분은 손으로
　　　작성한다면 한 시간 빨리 퇴근할 수 있을 것 같기도 한데요.”

◀ *경청의 정리*

*양자의 가장 큰 차이는 멘토의 척도가 개입되어 있는지 그렇지 않은지가 아닐
까? 부정적 질문에서는 멘토의 주로 질책성 발언과, 긍정적 질문에서는 멘토가
반대로 진정으로 경청해 주고 있다는 인상을 받을 것이다.*

제2장
미팅 관계 촉진기술

멘토의 멘토링 활동에서 우선적으로 다루어야 할 일이 상호간 원활한 관계기술이 필요하다. 특히 조직생활에서 인간적인 상담은 사전에 문제를 방지하는 한편 멘제의 진로에 결정적인 영향력을 발휘할 수 있다. 아울러 토론기술은 멘토와 멘제가 활동 현장에서 의견을 사전에 조율할 수 있는 기술로 25가지 토론 스킬을 다루었다.

INDEX

2-1. 관계 촉진스킬

1. 관계의 중요성

1) 인간은 관계적 존재다

① 인간은 너와 나의 관계 속에서 살아간다.

② 인간은 다원적 관계의 그물 속에서 살아간다.

③ 산다는 것은 관계하는 것이다.

2) 인간은 사회적 존재다

① 인생에 있어서 관계처럼 중요한 것은 없다.

② 인생, 즉 관계다.

3) 인간은 간적(間的) 존재다

① 인간은 사이 속에서 살아가는 존재다.

② 우리는 간(間) 속에서 존재한다.

4) 좋은 관계의 형성은 인륜의 근본이다

① 너와 나의 관계를 건전하게, 화목하게, 행복하게 만들어야 한다.

② 그렇게 하는 것이 윤리의 근본이다.

5) 대인관계 기술은 성공의 비결이다

* 자기가 수립한 목표달성에 실패한 원인조사 보고 *	
카네기 공대 보고	10,000명 중 15%: 능력 부족 85%: 인간관계의 결함
하버드 대학교의 조사 보고	10,000명 중 10%: 능력 부족 90%: 인간관계의 결함
Dr. A. E. Wiggan의 보고	10,000명 중 10%: 능력 부속 90%: 인간관계의 결함

2. 바람직한 인간관계 형성 단계

▶ 바람직한 인간관계는 하루아침에 이루어지는 것이 아니라 일정한 단계를 밟아 형성된다. 마치 계단에 오르듯이 다음과 같은 단계를 거쳐서 형성된다.

1) 만남의 단계(관심의 단계)

(1) **어진 마음으로 만나다.**

어진 마음은 근본적으로 두 사람 또는 그 이상의 사람들이 모여 사는 곳에 반드시 있어야 할 윤리규범이다. 인(仁)이 없는 곳은 마치 살벌한 맹수들의 세계와 같다.

공자는 공(恭)·관(寬)·신(信)·민(敏)·혜(蕙)를 천하에 능히 행하는 자는 가히 인(仁)을 행하는 사람이라고 설파하였다.

(2) **성실, 유능은 발전하는 인간관계의 초석이다.**

성(誠)은 언(言)과 성(成)이 합해서 이루어진 것이다. 말한 바를 이루어지도록 행동하는 것이 참다운 유능을 낳는다. 현대 사회는 성실하고 유능한 일꾼을 찾는다. 유능하나 불성실 하다면 조직사회에 해충과 같은 존재가 된다.

(3) **겸손은 인간관계의 미덕이다.**

남이 나의 장점이나 재능을 추켜 주면 머리를 한 번 수그리고 두 번 추켜 주면 두 번 수그려야 한다. 사람은 시기심, 질투심을 갖기 일쑤여서 모처럼 다른 사람의 장점을 추켜 주다 가도 자만심을 발견하면 그 장점 자체를 미워하게 된다. 겸손을 모르는 사람은 자기를 과대평가하게 되는 경향이 있다.

(4) **인사는 인간관계의 시발점이다.**

인사는 타인과 더불어 맺는 인간관계의 교량 역할을 한다. 인사는 바둑처럼 인사를 받는 사람은 반드시 답례를 하게 되는데, 이때 인사를 먼저 한 사람 쪽으로 이끌려 가게 됨으로 선수를 잡는 사람에게 유리하게 될 수 있는 가능성이 있다.

(5) **상대방에게 관심을 표명한다.**

사람은 누구나 개인적·가정적 사정이 모두 다르고 이상과 장래에 대한 희망이 다르고 취미와 특기가 다르다. 상대방의 이러한 특수 사정을 자세히 살피고 관심을 가질 때 그는 나에게 호감을 갖게 된다.

2) 대화의 단계(또는 이해의 단계)

(1) 상대방의 말을 잘 듣는다.

인간관계는 의사소통으로써 이루어진다.

인간은 자신 활동시간의 70%를 의사소통에 소비한다.

→ 이 중 "45%는 남의 말을 듣는데, 30%는 말하는 데, 16%는 독서하는 데, 9%는 글을 쓰는 데 소비한다."

(2) 사람을 움직이는 가장 중요한 무기는 귀다.

■ 이해시키기와 이해하기

■ 말하기와 듣기

■ 성(聖)의 풀이

(3) 다음 1, 2, 3원칙으로 듣는다.

① 1분 내 말하고

② 2분 이상 말하게 하고

③ 3번 이상 응대한다.

(4) 개인 이해와 인간 우대를 한다.

'나'라는 존재가 가장 존귀한 '나'로서 남에게 이해되고 지극히 존엄한 인간으로서의 대우를 받을 때, 나의 모든 것을 상대방에게 주저 없이 준다.

나폴레옹 장군은 오스트리아와 유럽의 패권을 판가름히는 전쟁에서 일개 하사의 사신(私信)을 직접 전해 주어 장병의 사기를 높였다. 개인 이해의 한 수단으로 상대방의 이름을 외워 불러 준다.

(5) 칭찬은 인간 관계의 활력소이다.

사람들은 자기들을 알아주고 자기에게 호감을 보여 주면 마찬가지로 그 사람에 대해서 호감과 친밀감을 갖게 된다.

대인관계란 상호 작용하며, 감정적이고 주관적인 것이다. 때문에 상호 작용을 촉진시키고 관계를 잘 아는 방법으로서 칭찬과 인정, 지지, 격려는 매우 효과적일 때가 많다. 상대방에 대한 관심이 없으면 칭찬은 하기 어렵게 된다. 또한 표현해서 알려 주지 않으면 영향을 미치지 못한다. 부부나 부자, 모녀관계에서도 상대방에 대한 관심을 표명해 주지 않을 때 섭섭함과 야속함을 느끼게 된다.

(6) 칭찬의 3단계

① 1단계: 잘한 점을 구체적으로 이야기하라.
② 2단계: 그것의 중요성, 즉 칭찬하는 이유를 설명하라.
③ 3단계: 나의 느낌을 말하라.

3) 신뢰의 단계

(1) 신뢰는 접착제이다.

신뢰는 나와 너를 하나로 묶어 주는 접착제와 같은 것으로서 물과 공기처럼 평소에는 중요하게 느끼지 못하지만 한번 신뢰에 금이 가면 그간 누려 왔던 신뢰의 중요성을 절감하게 된다.

신뢰는 쌓기는 힘들고 허물어지기는 너무나도 쉽다. 신뢰를 농작물에 비유할 수 있다. 즉 수확하기 위해서는 농작물에 물과 비료를 주고 많은 손길이 가야 한다. 마찬가지로 신뢰를 쌓기 위해서는 오랜 시간에 걸쳐 많은 크고 작은 상호 작용이 필요하다.

(2) 신뢰 형성 방안

① 예측 가능하고 때와 장소에 따라 변하지 않고 일관되게 안정적으로 행동해야 한다.

② 정도에 따라 진실한 말과 행동을 하며 약속을 지켜야 한다.

③ 자신의 이익보다 다른 사람의 안녕 상태에 관심을 표명하고 신경 써야 한다.

④ 우리의 단계

- '나'와 '너'가 '우리'가 되기 위해서는 '나눔'이 있어야 한다.

'우리'의 성격에 따라 수준의 차이는 있겠으나 물질과 정신을 나누어야 한다.
물질보다 정신에 더 비중을 두어야 한다.

- 정신이란 기쁨과 슬픔을 함께 하는 데서 비롯한다. 기쁨과 슬픔 중 슬픔을
  함께한 사이가 더 끈끈한 '우리'가 되는 것이다.

- 각종 동기생 중 가장 끈끈한 동기생은 누구인가?

2-2. 상담 촉진기술

1. 멘토링 Tutorial System 상담학습

멘토링은 전인교육 방법이다. 아니 교육이라기보다는 둘이서 삶을 나누는 것이 정답이다. 멘토링에서는 교육자나 경영자나 목회자이기 이전에 먼저 인격자로서 성숙을 원하는 것이다.

멘토링의 내용(Contents)은 지(知)·정(情)·의(意) 서비스, 인격적으로 멘토가 멘제에게 자신의 역량을 최대한 베푸는 삶이라고 볼 수 있나. 그러한 근거는 멘토링의 유래에서 스승인 멘토(Mentor)가 왕자 텔레마쿠스와 20년 동안 생활하면서 한 교육에서 찾아볼 수 있다. 바로 그 당시 교재로 사용했던 수학, 철학, 논리학이 무엇을 의미하는지 깊은 통찰이 있어야 한다. 수학=知, 철학=情, 논리학=意의 등식 인격을 이해하는 데서부터 멘토링 학습은 출발한다.

참고로 멘토(Mentor)가 텔레마쿠스 왕사를 위해 설계한 특이한 1:1 Tutorial System 상담학습 방법을 아래와 같이 열거한다.

- 멘토는 왕자와 대화식으로 교육을 하였다. - 대화식

- 멘토는 왕자와 열렬한 토론을 벌였다. - 토론식

- 멘토는 질문하고 왕자는 대답하였다. - 문답식

- 멘토는 왕자와 동료처럼 거리를 좁혔다. - 동료식

- 멘토는 왕자에게 사물을 예로 들어 설명했다. - 예화식

- 멘토는 왕자와 아버지처럼 정답게 지냈다. - 정서적

Mentoring Tutorial System은 오늘날 1:1 상담학습이 가능한 교육 부문에서 아름다운 사례를 갖고 있다. 교수와 학생 관계에서, 초중고교 선생님과 학생 관계에서 감동적인 사례가 매스컴이나 잡지에 실리기도 하여 많은 사람에게 감동을 주기도 한다. 왜냐하면 학교의 평준화 교육이나 기업의 집단 교육에서는 이러한 사례가 제도적으로 발생확률이 거의 불가능하기 때문이다. 먼저 전통 깊은 옥스퍼드대학의 사례를 소개한다.

[옥스퍼드대학교(英)의 Tutorial System 사례]

- 세계적인 명문 옥스퍼드대학은 차별화한 상담학습 방법으로 Tutorial System을 수백 년 동안 운영하고 있다. 내용은 담당교수를 멘토로, 학생을 멘제로 하는 1:1 멘토링 상담학습 방법이다. 매주 정한 날에 4시간씩 교수와 학생이 직접 1:1로 대면하여 학습 토론을 갖는 제도로, 이를 위해 학생은 일주일 내내 토론 주제에 맞는 자료를 구하여 공부하게 되고 당일 교수와 불꽃 튀는 토론으로 학습이 진행된다. 결국 공부에 대한 열심 정도는 한국의 고 3을 연상케 되나 한국과 다른 점은 주입식 교육이 아니라 담당교수와 학생이 1:1의 상담 및 토론 방식이란 것이다. 세계의 명문 옥스퍼드 대학의 Tutorial System은 타 대학과 차별화한 교육으로 최고의 경쟁력을 갖고 있는 이유가 바로 여기에 있다고 볼 수 있다.

▲ 학습 엿보기＝지난해 11월 8일 오후 영국 옥스퍼드대학교 맨체스터 칼리지 본관 3층 철학과 맨더(37세) 교수실. 2학년 앤서니 군이 칸트 철학에 관해 맨더 교수와 1:1 토론 수업(Tutorial)을 하고 있었다. "데카르트의 자유인식에 대한 학생의

해석이 올바르다고 보는가?" "그렇습니다." "그 자유 인식을 실존주의적 입장에서 해석해 보겠나?"

"……." 금세 대답이 나오지 않자 맨더 교수는 "에세이가 부실하다"고 공박했다. 얼굴이 붉어진 앤서군은 "이틀 밤을 샜다"고 항변했지만, "중요한 것은 시간의 양이 아니라 질"이라는 답변이 돌아왔다.

2. 멘토링 상담학습 차별화

현재 대부분의 조직들이 적합한 인재를 양성하기 위해 각종 교육·훈련 제도를 활용하고 있다. 실제로 많은 미국 기업들이 워크숍, 학점이수 제도, 인터넷 교육, 사설기관에서의 업무교육 등 각종 교육·훈련에 연간 300백만 달러 이상을 투자하고 있다고 한다. 그러나 이러한 투자에도 불구하고 실질적인 효과를 거두는 기업은 그리 많지 않다. 한 연구조사에 의하면, 이러한 교육의 효과는 실제 투자되는 금액의 10%를 넘지 않는다고 한다.

물론, 우리 기업들의 경우도 예외는 아니다. 2002년 LG경제연구원이 조사한 바에 따르면, 교육·훈련 결과에 대한 우리 기업들의 반응은 양적·질적 측면에서 모두 만족스럽지 못한 것으로 나타났다. 즉 '교육·훈련 기회가 충분히 주어지는가?'라는 질문에는 22%만이 그렇다고 응답했으며, 39%는 그렇지 않다고 응답한 것으로 나타났다. 또한 '그러한 교육·훈련이 실제 업무수행에 도움이 되는가?'라는 질문에는 28%만이 긍정적인 대답을 한 것으로 나타났다.

위의 조사결과를 통해서도 알 수 있듯이, 지금까지의 교육·훈련 제도는 여러 가지 한계점을 드러내고 있다. 따라서 향후 교육·훈련 제도의 효과적인 개선을 위해서는 다음과 같이 멘토 상담학습 네 가지 측면을 고려할 필요가 있다

1) 멘토링은 수준별 상담학습

개개인의 니즈에 맞는 맞춤형(customized) 상담학습이 필요하다. 각기 다른 개성을 가진 사람들을 한곳에 모아 놓고 실시하는 집단적인 교육은 비용이 적게 든다

는 장점이 있는 반면, 개개인의 특성이나 학습욕구를 제대로 반영하지 못한다는 단점이 있는 것이 사실이다. 따라서 앞으로는 개별 특성을 최대한 반영할 수 있는 1 : 1 상담 및 학습 제공 방식 등으로 교육·훈련 방법이 개선되어야 한다.

2) 멘토링은 자생적 상담학습

구성원 스스로 자기발전에 대한 필요성을 인식하고 상담학습 방향을 주도적으로 이끌어 갈 수 있는 시스템을 갖추어야 한다. 교육내용과 일정 등을 조직이 일방적으로 정해서 사원들에게 통보하는 지금까지의 방식을 과감히 버리고, 개개인의 성장욕구와 업무량을 고려하여 멘토/멘제 스스로 학습 내용과 방법을 선택하고 결정하도록 해야 한다.

3) 멘토링은 과정중심 상담학습

무엇보다 지속적인 교육이 이루어져야 한다. 즉 정기적으로 시행하는 일회성 교육을 지양하고, 필요에 따라 교육의 양과 질을 적절히 결정할 수 있는 지속적인 교육을 시행해야 한다. 그래야만 교육결과를 실제 업무에 바로 적용할 수 있기 때문이다. 또한 반드시 교육·훈련에 대한 진척도와 효과를 수시로 확인해 보아야 한다.

4) 멘토링은 현장중심의 상담학습

실제 업무현장과 연계된 상담학습이어야 한다. 개념적인 내용만을 전달하는 강의나, 매뉴얼 또는 교재에 의한 교육은 실제 경험의 질을 높일 수 없다.

맥킨지가 미국의 인재개발 실무자를 대상으로 조사한 결과를 통해서도, 여러 인재육성 수단 가운데 집단교육의 스타일의 효과를 30% 정도, 일정기간 동안 프로젝트 식으로 참여하는 멘토링 효과를 90%로 효과가 높게 나타났다고 발표했다.

3. 멘토링 상담학습 스킬

멘토로서 카운셀러의 역할은 멘제가 실력을 마음껏 발휘하는 것을 가로막는 문제를 이해시키고 그 문제의 해결에 도움을 주는 것이다. 시간을 가지고 인내심을 지녀야 한다. 물론 더러는 30분만 들이면 해결할 수 있는 것도 있다.

정보 부족이나 단순한 오해에서 비롯된 문제는 쉽게 풀린다. 그러나 훌륭한 기술을 가지고 있음에도 불구하고 팀플레이를 주저하는 멘제를 설득하여 다른 사람과 협력하도록 만들기 위해서는 며칠이나 몇 개월이 걸릴지도 모른다.

카운셀링이란 이러한 여러 가지 문제 상황을 해결해야 하는 '감초'인 것이다.

1) 상담심리 스킬 개요

멘토의 상담심리 스킬이란 주로 사회나 기업에서 멘제 자신의 입장과 역할, 아이덴티티(Identity: 자신의 존재, 정체성)에 대한 이해를 향상시키고 보다 성숙한 인간으로 성장하는 것을 독려할 목적으로 하는 기법이다.

상담심리 스킬에는 멘제의 정신적·심리적 건강 증진을 목적으로 한 멘토의 지원행동도 포함되어 있으며 이러한 목적을 달성하기 위해 멘토는 다음과 같이 행동한다.

(1) 역할 모델(Role Model) 스킬

멘제에게 필요한, 적절하고 어울리는 태도나 가치관을 몸에 익히도록 하기 위해서, 멘토가 역할 모델을 몸으로 보여 주는 깃이다.

(2) 포용과 확인 스킬(어떠한 상황에 처한 멘제라도 따뜻하게 받아들임)

멘토가 멘제를 한 사람의 인간으로 존중하고 멘제에게 무조건적으로 긍정적인 관심을 가지고 있다는 것을 알리는 행동이다.

(3) 카운셀링 스킬(부모 입장에서 상담에 나섬)

멘제의 정신적·심리적 스트레스를 덜어 주기 위해 멘제가 직장, 가정, 사회에서 직면하는 일과 다양한 걱정거리를 멘토에게 털어놓고 얘기할 수 있는 분위기와 기회를 제공하는 행동이다.

(4) 우호 스킬(같은 인간으로서 자연스러운 지원 관계)
멘토와 멘제 사이에 우정과 신뢰에 바탕을 둔 사적이면서 비공개적인 멘토링 관계를 구축할 수 있도록 하는 행동이다.

2) 상담 심리스킬 사례
(1) 역할모델 스킬-역할 모델을 보여 줌
① 멘토는 멘토 자신의 입장에 어울리는 말과 행동을 함
② 멘제의 모범이 될 수 있는 인물이 되도록 노력함
③ 멘제가 진심으로 신뢰할 수 있는 인간이 되도록 명심함
④ 멘제의 모범이 될 수 있는 능력과 실적을 보여 줌
⑤ 조직의 기본 방침과 철학을 이야기해 줄 수 있어야 함

(2) 포용과 확인 스킬-따뜻하게 받아들임
① 멘토 자신에게는 멘제의 좋은 점을 인정하고 그것을 이야기해 줌
② 멘제를 한 개인으로 존중함
③ 멘제를 단순한 멘제로서가 아니라 함께 살아가고 일하는 동료로서 인정함

(3) 카운셀링 스킬-자상하게 상담에 임함
① 멘제의 이야기를 멘제의 기분으로 들어줌
② 멘제의 이야기를 멘토 자신의 의견을 강요하지 말고 들어줌
③ 멘제가 무슨 얘기든 털어놓을 수 있는 사람이 되도록 명심함

(4) 우호 스킬-많은 시간 인간적인 면에서 서로 교류함
① 많은 시간을 인간적인 차원에서 멘제와 교류를 함

② 직장을 떠나서는 업무상 상하관계와 상관없이 멘제를 대함

③ 업무 이외의 일이라도 멘제와 이야기를 나누고 의견을 같이함

④ 멘토링 기간이 끝나더라도 효과적인 관계를 유지함

4. 카운셀링의 타이밍

지금까지 착실하게 업적을 올려온 멘제가 최근 들어 축 쳐져 있을 때

① 교육이나 지도를 실시하여도 조금도 진보하지 않을 때

② 멘제가 개인적인 문제에 관하여 당신에게 도움을 요구해 올 때

③ 멘제가 벽에 부딪혀 어떻게 해야 좋을지 모르고 있을 때

④ 조직이 급성장을 이루고 있거나 혹은 대개혁을 일으키고 있는데 이에 어떻게 대응해야 좋을지 멘제가 난처한 상태에 있을 때

⑤ 지금까지 순조롭게 지나온 멘제가 갑자기 실패나 좌절을 경험하여 슬럼프에 빠져 있을 때, 특히 승진에 의해 책무가 무거워진 경우

5. 카운셀링의 권리와 상담

카운셀러로서의 역할을 하기 전에 우선 진정으로 카운슬링이 필요한 것인지 자문하기 바란다. 가능한 한 멘제에게 자기 힘으로 문제를 해결할 기회를 부여하는 것이다.

카운셀링이란 '지나친 참견을 하는 것-필요하지도 않았는데도 나서는 것-'이 결코 아니다. 그 다음 타이밍이 대단히 중요하다. 지나치게 빠르거나 늦으면 나쁜 결과를 초래한다. 그러면 어느 때가 카운셀러로서의 역할 담당이 필요한 때일까?

적절한 교육이나 지도를 실시했지만 효과가 없고 그대로 내버려 두자니 점차 수렁에 빠져드는 듯한 경우, 그리고 멘제로부터 협조 요청을 받았을 때이다.

다만 평소부터 멘제의 교육이나 지도에 열성적이지 않았다면 카운셀러의 역할을 맡아서는 안 된다. 이 첫째 조건을 충족하고 있는 사람만이 문제가 발생했을 때

에 카운셀러로서 손을 내밀 수 있다. 그리고 "나는 멘제인 자네가 힘껏 최선을 다해 주기 바라고 있네. 자네 자신도 그러하리라고 생각하고 있네. 그러니 어떻게 하면 이 문제를 해결할 수 있을지 함께 의논해 보지 않겠나?"라고 말할 권리가 있다.

6. 카운셀링의 절차

실제로 카운슬링을 어떻게 운영하면 좋을까? 구체적으로 설명해 보도록 하겠다.

1) 준비

실제로 카운셀링에 들어서기 전에 우선 해 두어야 할 것은 니즈(Needs)나 이슈를 파악하는 일이다. 인간관계의 개성이 문제인지, 프로그램 일정진행이 문제인지, 고객관리가 문제인지를 찾아내야 한다. 그리고 되도록 구체적이고 측정 가능한 행동에 초점을 맞추어야 한다. 문제 상황을 막연하게 알고 있는 것만으로는 반드시 착오가 발생하며 도움될만한 해결법을 제시할 수 없다. 그렇지 않으면 당신이 모처럼 손을 내밀어도 멘제는 움츠러든 채 당신에 가까이하지 않을지도 모른다.

2) 의논의 일시를 정한다

카운셀링에는 적합한 시간, 적합하지 않는 시간이 있다. 의논할 날을 정한 다음에는 온갖 어려움을 물리치고서라도 약속을 지킬 정도의 마음가짐이 필요하다. 최초의 두 번은 절대 취소해서는 안 된다. 당신과 멘제 양측이 의논하여 가능한 시간을 선택하는 것이 중요하다. 근무 시간에 하는 것도 좋다. 그러나 퇴근 후 술을 한잔 기울이면서 하는 카운셀링은 카운셀링이라고 할 수 없다. 참된 의미의 카운셀링이란 술을 빌려 이야기를 나누는 것이 아니다. 노련한 카운셀러는 만나는 날짜를 통보하는 데에도 신경을 쓴다. 너무 일찍 통보해 주는 것은 좋지 않다. 예를 들어 금요일에 다음 월요일이나 화요일에 만나자는 약속을 했을 때, 멘제는 문제가 있음을 직감하고 온통 주말을 불안하게 보낼 것이기 때문이다. 대개의 경우 그날 이른 아침에 약속을 청하는 것으로 충분하다. 그날 오후에 시간을 낼 수 있을지 확인하면 되는 것이다.

3) 문제를 말한다

만나게 되면 당신 쪽에서 먼저 입을 열어야 한다. 왜 당신이 의논하고 싶어 했는지 간결하게 숨김없이 말을 해야 한다. 이 단계에서는 아직 문제의 핵심을 언급할 필요는 없다. 다만 말문을 열기만 하면 된다. 클라이맥스는 아직 미루어 두고 멘제의 태도를 살핀다.

4) 멘제가 하는 말을 듣는다

카운셀링에서 가장 중요한 점이 멘제가 하는 말을 들어 주는 것이다. 이때 당신은 온 신경을 집중시켜 듣지 않으면 안 된다.

당신은 멘제가 말하는 내용에서 무엇을 알아낼 것인가? 문제의 뿌리를 찾아내도록 해야 한다. 당신 자신에도 문제의 원천이 있을 수도 있다. 따라서 겸허하게 경청하여야 한다.

· 개인적인 문제의 경우:

가족 문제, 질병, 알코올 중독이나 마약중독, 금전적인 문제－등 개인적인 문제가 이슈되었을 때에는 카운셀러는 특별히 주의를 갖고 존중의 자세를 잃지 말아야 한다. 너무 관심을 보이면 프라이버시의 침해라고 오해받을 수도 있고 그렇다고 거리를 유지하면 이번에는 냉담하다고 잭낭받기 일쑤이다. 그러므로 당신이 가능한 범위 내에서 도와주고 싶다는 솔직한 마음을 알리고 상대를 안심시키는 것이 중요하다. 상담에 응해 술 전문가(심리 카운셀러나 금융 카운셀러 등)를 소개해 주는 것도 좋다. 성실하게 멘제의 이야기를 들어 주는 태도, 부하가 가벼운 마음으로 당신의 사무실로 들어설 수 있도록 문을 활짝 열어 두는 것, 이것이 멘제에 대한 당신의 배려의 증거인 것이다.

즉석에서 행동계획을 수립한다.

어떻게 도울 수 있을지가 명백해진다면, 다음에 구체적인 행동계획을 수립할 필요가 있다. 언제 무엇을 할 것인가? 물론 멘제와 합의한 다음 결정하는 것이 좋을 것이다. 그리고 면담의 마지막에 다음 면담 일시를 결정한다. 일이 어떻게 진행되고 있는지, 원활하게 일을 처리하기 위해 당신이 할 수 있는 일은 없는지 체크하기 위해 면담하는 것이다.

7. 카운셀러가 삼가야 할 일

카운셀러는 자신의 본분을 지키고 그것을 넘어서는 행위는 삼가야 한다. 다음과 같은 행동이나 사고방식은 카운셀러에게 허용되지 않는다.

① 정신과 의사인 양 치료를 한다.

② 한 번만의 의논으로 끝마치려 한다.

③ 아무 준비도 하지 않은 채 형편에 따라 적당히 의논에 임한다.

④ 상대방을 나무란다.

⑤ 개인적인 문제에만 흥미를 갖는다.

⑥ 멘제의 문제는 인사팀의 책임이며, 자신은 관계없다는 태도를 취한다.

⑦ 멘제의 과거를 낱낱이 조사할 기회라고 생각한다.

⑧ 일방적으로 설교한다.

⑨ 의논을 사무적으로 재빨리 끝내려 한다.

⑩ 이 기회에 멘제가 안고 있는 문제를 전부 한꺼번에 해결해 버리려고 한다.

8. 뛰어난 카운셀러의 특징

가벼운 마음으로 이야기할 수 있게 한다.

상대방이 하는 말을 잘 듣는다.

멘제가 문제를 해결할 수 있도록 돕지만, 필요 이상으로 멘제의 행동을 억제하지 않는다.

① 문제에 관하여 의논하고 있을 때 공감을 표시한다.
② 멘제가 감정적이 되어 이성을 잃더라도 그것을 대범하게 보는 관대함을 갖는다.
③ 자신감을 잃지 않는다.
④ 멘제가 도움을 필요로 하고 있음을 곧 알아차린다.
⑤ 멘제가 성공하는 것을 바라고 있다.
⑥ 멘제의 자존심과 자신감을 키우려고 노력한다.
⑦ 멘제가 하고 싶은 말을 열심히 들어 준다. 자신이 듣고 싶어 하는 것에만 귀를 기울이지 않는다.
⑧ 멘제를 존중한다.
⑨ 차분히 시간을 들여 이야기한다.
⑩ 멘제의 사고방식을 받아들일 수 있어야 한다.
⑪ 멘제를 위하여 온 정성을 기울인다.
⑫ 다시 한 번 시도할 기회를 부여한다.

멘토가 멘제를 진심으로 존중하고 있는지는 멘제가 카운셀러 역할을 얼마나 기쁘게 수행하고 있는가로 판단할 수 있다. 왜냐하면 카운셀링을 하기 위해서는 멘토의 상낭한 노력과 더러는 희생이 요구되기 때문이다.

상담할 문제들은 모두 인산에서 출발하고 있다. 그럼에도 불구하고 문제의 원인인 멘제와 직접 의논하고자 애쓰는 멘토는 그리 많지 않다. 그러하기 때문에 솜 어려운 문세일수록 지연되고 있다. 상담을 경시하고 저당히 얼렁뚱땅 넘어가는 멘토도 있다. 이는 근무평가에는 오점이 남지 않기 때문이다.

"어이구, 죄송합니다. 조금 늦었습니다"라는 변명은 훌륭한 상담자에게서는 절대로 나와서는 안 된다.

멘토가 멘제에게 상담을 위한 시간을 낸다는 것은 멘제를 존중한다는 것이다.

존중이 신뢰를 가져오고 신뢰가 또 주인정신을 유발한다.

9. 체크리스트와 우선 실천 과제

사회에 나와 처음으로 큰 실패를 맛보았을 때의 일을 떠올려 보라. 당신의 멘토는 어떻게 처리해 주었는가? 당신이 자신을 책망하고 실의에 빠지지 않도록, 그리고 당신이 실패에 굴복하지 않고 실패를 교훈으로 삼아 힘차게 나아갈 수 있도록 멘토는 어떻게 배려해 주었는가? 당신은 실패로부터 어떤 교훈을 얻을 수 있었는가?

그 교훈을 동료와 나누어 가졌는가? 입사 초기에 당신이 멘토로부터 받았던 상담과 현재 멘토인 당신이 하고 있는 상담과는 어떤 점이 다른가? 또 같은 점은 무엇이라고 생각하는가? 무엇 때문에 당신은 같은 방식을 취하고 있는가?

1) 당신의 업계는 현재 급격한 혁신(Innovation)이 추진되고 있는가? 만약 그렇다면 당신은 멘제가 급격한 변화에 대응할 수 있도록 적절한 수단을 강구하고 있는가? 멘제의 강점과 약점을 파악하고 있지 않을 경우에는 우선 1주일간 먼저 멘제와 면담하여 충분히 의논하여 보면 좋을 것이다. 멘제가 하는 일에 귀를 기울이고 멘제의 업적을 체크하여 보라. 그는 무슨 일에 자신감을 갖고 있는가? 그 자신 있는 기술을 더욱 키워 줄 수 없을까? 강화해야 할 점은 무엇인가? 멘제가 선두를 달릴 수 있도록 하기 위하여 어떻게 도울 수 있을까?

2) 당신 자신의 과거를 다시 한 번 돌이켜 보라. 극복하기에 가장 힘들었던 장애는 무엇이었던가? 왜 그렇게 힘들었는가. 그 경험을 당신의 멘제에게 들려 줄 수 없을까?

3) 멘제와 면담하고 있을 때 멘제를 한 사람의 인간으로 존중하고 그가 하는 말을 차분히 듣고 있는가? 당신이 일방적으로 이야기하고 충고를 강요하고 있지 않는가? 멘제의 문제를 가볍게 여기고 있지는 않는가? 멘제가 스스로 마

음을 가다듬고 해결의 실마리를 발견하도록 도와주고 있는가?

4) 멘제를 과보호하고 있지는 않는가? 그것이 멘제의 주인 정신을 가로막는 결과를 낳고 있지는 않는가? 멘제에게 나쁜 이야기는 하지 않고 좋은 이야기만 계속 하고 있지 않는가? 그러한 친절이 도리어 해가 되고, 멘제의 의타심을 조장하는 결과를 낳지 않을까? 문제가 생겼을 때 멘제에게 솔직하게 말하면, 무슨 일이 일어나리라고 당신은 생각하고 있는가?

10. 피그말리온 효과

심리학자 로젠탈(T. L. Rosenthal)은 어린 학생들을 대상으로 다음과 같은 실험을 했다고 한다. 어느 초등학교에서 선생님에게 '어린이 지능향상을 예측할 수 있는 새로운 테스트입니다'라고 설명을 해놓고 검사를 실시했다. 그 테스트 결과 후 20% 정도의 아이를 뽑아 놓고 '이 아이들은 앞으로 지적 발달이나 학업이 틀림없이 급상승할 것입니다'라고 선생님에게 결과 보고를 해 주었다. 그런 암시 후 8개월이 지난 다음 과거에 했던 것과 똑같은 지능 테스트를 하여 지난번의 지능 테스트 결과와 비교해 보았다. 그랬더니 앞으로 잘할 것이라는 기대를 품게 했던 아이들의 지능이 다른 아이들의 지능에 비하여 현저하게 향상되었다는 것이다.

이런 현상을 심리학에서는 피그말리온의 이름을 따서 '피그말리온 효과(Pygmalion Effect)'라고 한다. 피그말리온 효과는 선생님이 20%의 아이들을 지적 발달과 학업 성적이 향상되리라는 기대를 가지고 정성껏 돌보고 칭찬한 결과 나타난 것이다. 그러한 사랑을 받은 아이들은 선생님이 자신에게 관심을 보여 주니까 공부하는 태도도 변하고 공부에 관한 관심도 높아져, 결국 능력까지 변하게 된다는 것이다. 이 결과 '칭찬하면 칭찬한 만큼 잘한다'는 것을 알 수 있다.

2-3. 토론 촉진스킬

참고: 다음은 멘토와 멘제가 현장 활동하면서 의견 충돌할 수 있는 상황이다. 3가지 중 멘토/멘제가 상의하여 가장 좋은 답 한 개를 자유롭게 선택하라.

NO	토 론 주 제	선택
1	두 주 동안 멘제가 남긴 다섯 건의 메시지에 멘토가 아무런 응답이 없다. 1. 멘제는 계속 메시지를 남기고 아무 말도 해서는 안 된다. 2. 멘제는 포기하고 다른 멘토를 찾아가야 한다. 3. 멘제는 계속 노력하여 접촉되었을 때는 관심을 표명해야 한다.	
2	멘제가 약속을 어기고 해명하는 전화도 안 한다. 1. 멘토는 관계를 끊어야 한다. 2. 멘토는 또 약속하고 만났을 때에는 관심을 표명해야 한다. 3. 멘토는 가능한 한 빨리 전화를 하여 관심을 표명해야 한다.	
3	멘토가 멘제와 로맨틱한 관계를 맺고 싶다고 암시한다. 1. 멘제는 기분은 좋지만 그런 식의 관계는 싫다고 말해야 한다. 2. 멘제는 대화 소재를 바꾸고 그 말을 무시해야 한다. 3. 멘제는 그런 가능성에 관심을 갖는 이유를 물어보아야 한다.	
4	멘토가 멘제와의 약속을 어기고 해명하는 전화도 안 한다. 1. 멘제는 가능한 한 빨리 멘토에게 전화하여 무슨 일인지 알아보고 다시 약속해야 한다. 2. 멘제는 멘토가 전화하기를 기다려야 한다. 3. 멘제는 멘토가 중요한 이유가 있다고 추측하고 아무 말도 해서는 안 된다.	
5	멘제가 멘토에게 비싼 선물을 사 준다. 1. 멘토는 짧은 글로 감사해야 한다. 2. 멘토는 선물을 거절하고 부당성을 지적해야 한다. 3. 멘토는 멘제와 상황을 토의하고 멘제에게 선물을 되돌려 주려고 힘껏 노력하지만 멘제가 고집하면은 한 번은 받는다.	
6	첫 만남에서 멘제가 멘토와 그의 가족을 방문하겠다고 요구한다. 1. 멘토는 멘제 아이디어에 감사하고 미래에 가능하다고 말해야 한다. 2. 멘토는 동의하고 가능한 한 가장 빠른 날에 멘제를 초대해야 한다. 3. 멘토는 이런 일은 멘토링 관계에서는 적절한 일이 아니라고 말해야 한다.	
7	멘토가 멘제의 필요와 상관없는 충고를 한다. 1. 멘제는 멘토에게 이 충고가 상관없다고 멘토에게 알려야 한다. 2. 멘제는 그 충고를 따라야 한다. 3. 멘제는 멘토에게 감사하고 의사 결정할 때 고려하겠다고 말해야 한다.	
8	다른 동료들이 멘토가 멘제를 돌보는 일에 질투를 나타낸다. 1. 이런 상황이 일어날 것이므로 멘토는 무시해야 한다. 2. 멘토는 경청하고 멘토링 관계의 목적을 설명하고 그들도 멘토링을 하도록 설득한다. 3. 멘토는 그 멘제와 멘토링하는 이유를 설명해야 한다. 그리고 그들과 멘토링하지 않는 이유도 설명해야 한다.	

NO	토 론 주 제	선택
9	멘토가 멘제의 동료들 앞에서 멘제를 심하게 비판한다. 1. 멘제는 그들에게 힘과 능력이 있다는 것을 과시하기 위해 자신을 변호해야 한다. 2. 멘제는 그 사건을 건뎌 내고 나서 후에 멘토를 상대한다. 3. 멘제는 그것을 학습 경험으로 삼는다.	
10	첫 번째 만남에서 멘제가 멘토와 주제에 관해 견해가 다르다. 1. 멘제는 마치 견해에 동의하는 것처럼 행동해야 한다. 2. 멘제는 멘토에게 무엇이 잘못인지 알게 해야 한다. 3. 멘제는 나중까지 논평을 보류한다.	
11	멘제가 행동윤리에서 멘토와 의견이 다르다. 1. 멘제는 아무 말도 해서는 안 된다. 2. 멘제는 자신의 상사에게 보고해야 한다. 3. 멘제는 상사에게 가기 전에 멘토와 대면하여 이야기해야 한다.	
12	멘토가 새로운 멘제에게 개인적인 일을 요청한다(예를 들면 가족을 위해 잡화점 쇼핑을 하게 된다). 1. 멘제는 즐겁게 그 일을 해야 한다. 2. 멘제는 이런 일은 좀 이상하다고 지적하고, 멘토가 바쁘다면 이번만은 기꺼이 하겠다고 한다. 3. 멘제는 그 일을 하면서 몸짓으로 부당함을 나타내야 한다.	
13	멘제가 멘토에게 이성적으로 매력을 느낀다. 1. 멘제는 멘토에게 그런 감정을 표현해서는 안 된다. 2. 멘제는 멘토에게 그런 감정을 말해야 한다. 3. 멘제는 자기 배우자에게 그런 감정에 대해 얘기해야 한다.	
14	멘제가 멘토를 점심에 초대하고 계산서가 나왔다. 1. 멘토가 계산해야 한다. 2. 멘제가 계산해야 한다. 3. 둘 다 기다리면서 누가 내는지 봐야 한다.	
15	멘제의 직속상사가 멘제에게 멘토를 심하게 비판한다. 1. 멘제는 직속상사가 말한 것을 멘토에게 말해야 한다. 2. 멘제는 직속상사에게 알려 줘서 고맙다고 하고 그것으로 끝내야 한다. 3. 멘제는 직속상사에게 그런 비평을 듣지 않겠다고 말해야 한다.	
16	멘제가 멘토에게 심각한 개인문제(정신질환 등)도 털어놓기 시작한다. 1. 멘토는 그런 문제를 멘제에게 상담해 주려고 노력해야 한다. 2. 멘토는 자신의 개인 문제를 멘제와 공유함으로 응수해야 한다. 3. 멘토는 멘제에게 전문적인 도움을 받아야 한다고 제의해야 한다.	
17	멘토가 멘제에게 심각한 개인문제(정신질환 등)도 털어놓기 시작한다. 1. 멘제는 그런 문제를 멘토에게 상담해 주려고 노력해야 한다. 2. 멘제는 자신의 개인 문제를 멘토와 공유함으로 응수해야 한다. 3. 멘제는 멘토에게 전문적인 도움을 받아야 한다고 제의해야 한다.	
18	대화할 때 멘토가 자주 멘제의 말을 가로막는다. 1. 그것은 멘토의 스타일이므로 멘제는 그냥 내버려 두어야 한다. 2. 멘제는 그런 행동을 건의하고 대안을 토의해야 한다. 3. 멘제는 멘토의 상사에게 그런 행동을 지적해 달라고 요청한다.	
19	첫 번째 만남에서 멘제가 멘토에게 자신의 경력에 도움이 되기 위한 목적으로 자신을 멘토의 중요한 동료나 친구에게 소개시켜 달라고 요구한다. 1. 멘토는 그것이 멘토링의 부분이므로 '예'라고 대답해야 한다. 2. 멘토는 지나친 요구라고 거절해야 한다. 3. 멘토는 그것이 미래에나 가능한 일이라고 말해야 한다.	

NO	토 론 주 제	선택
20	멘제가 멘토와의 미팅에 세 번씩이나 늦었다. 1. 멘토는 새로운 멘제로 바꾼다. 2. 멘토는 멘제와 대면하여 사유를 파악한다. 3. 멘토는 다음 세 번의 미팅에 늦게 와야 한다.	
21	멘제가 멘토와 미팅에서 갑자기 울음을 터뜨린다. 1. 멘토가 멘제를 끌어안아야 한다. 2. 멘토는 미팅을 중단하고 멘제에게 귀가하라고 해야 한다. 3. 멘토는 얘기를 듣고 우는 이유를 물어본다.	
22	멘제가 멘토에게 직속상사의 아주 개인적인 일들을 말하기 시작한다. 1. 멘토는 이것이 미래를 위한 계획에 도움이 되므로 잘 들어야 한다. 2. 멘토는 이것이 둘이서 의논하기에 부적합하다고 제의해야 한다. 3. 멘토는 자기가 직속상사에 대해 아는 것을 더해야 한다.	
23	멘토가 멘제의 생일이 다음 주라는 것을 안다. 1. 멘토는 그 일을 모르는 체한다. 2. 멘토는 전화하거나 카드를 보내야 한다. 3. 멘토는 멘제에 선물을 사서 줘야 한다.	

제3장
미팅 상호 촉진기술

　　멘토와 멘제는 주어진 기간 멘토링 활동에서 성공률을 높이기 위하여 미팅 주기를 습관화하는 것이 무엇보다도 중요하다. 특히 각 조직에서 CEO의 결재를 얻어 일정 일시를 '멘토링데이'로 선포하는 것이 더욱 바람직하다(예: 매주 목요일 1시간 등).

　　그 다음에는 주기적으로 미팅시간이 주 1회나 월간 2~3회 등으로 이뤄지게 되는데 이때 미팅시간을 효율적으로 나누기 위하여 아래 내용으로 진행순서를 모델로 정하여 선보인다.

　　특별히 유의할 것은 미팅시간이 1시간이 될 수도 있지만 별도 야외친목교제를 나눌 경우는 하루도 될 수 있음을 알아야 한다.

　　멘토/멘제가 미팅 당일에 당황하거나 부담되지 않게 이 진행 시나리오를 사전에 학습해 두면 크게 도움이 될 것이다.

Index

Step	Theme	
1	Welcoming	환영하기
2	Counseling	질문하기
3	Teaching	답변하기
4	Freetalking	토론하기
5	Coaching	교제하기
6	Plannin	준비하기
7	Ending	종료하기

Welcoming

－환영해요

새로운 환경 속으로 들어오는 한 사람의 멘제를 위해 멘토인 당신이 매번 만남 (Meeting)에서 마음의 문을 열고 환영해 줄 수 있는 방법을 찾으라. －Ice Breaking!

멘토는 이렇게 말하지 않는다. "겨우 한 사람을 위해서?" "일개 사원을 위해서?"

1. [Hint－Ice Breaking 소재]

1) 나의 좌우명은?

2) 내가 가장 존경하는 한 사람은?

3) 다른 사람이 모르는 내 모습 한 가지는?

4) 가장 기억나는 친구, 스승, 선배, 친척은?

5) 내 인생에서 가장 기쁜 때와 사건은?

6) 내 인생에서 가장 슬플 때와 사건은?

7) 가족 중에서 나를 가장 많이 닮은 사람은?

8) 가장 오랫동안 잠 못 이루지 못한 때와 사건은?

2. [첫 만남 즐거운 대화 10Tip]

1) 밝은 주제를 가지고 이야기를 나눈다.

2) 환한 미소를 주고받는다.

3) 삶에 도움이 되는 이야기를 나눈다.

4) 대화를 나눌 때 의견이 활발히 오고 가야 한다.

5) 자기의 의견만 고집하지 않는다.

6) 솔직하게 의사 표시를 한다.

7) 긍정적으로 맞장구를 친다.

8) 칭찬할 일이 있으면 기쁜 마음으로 칭찬을 한다.

9) 같은 말을 지루하게 반복하지 않는다.

10) 공감할 수 있는 대화를 나눈다.

－멘제가 상담 질문해요

미팅의 두 번째 단계는 첫 단계에서 상호 간 마음의 문이 열린 상태에서 진행한다. 상담단계는 그동안 멘제의 질문을 비롯하여 멘토에게 상담할 내용을 멘제가 사전에 준비해서 거리낌 없이 이야기를 나누는 것이다. 바로 동생이 형님한테 자연스럽게 대하는 태도다. 멘토는 우선적으로 경청 자세로 진지한 모습을 보여준다.

* 멘토는 신뢰로, 멘제는 존경으로 상호 간 한마음!

· 멘토는 이렇게 말하지 않는다. "멘제여 내가 먼저 이야기할게", "그 다음 순서 말하라고."

· 멘제는 항상 먼저 말하고 질문하고 멘토는 항시 경청 후 답변해 주고 상담해 준다.

1. [Hint－상담 및 질문소재]

1) 직장에 대한 이야기

2) 업무에 관한 이야기

3) 전문 및 교양도서 독후감

4) 핵심기술 지식 노하우 이야기

5) 사회 활동 및 동우회 이야기

6) 종교 등 신앙이야기

7) 가정(부모, 부부, 자년 등) 이야기

8) 학습 세미나 자격증에 관한 이야기

9) 건강(신체와 정신 등) 이야기

10) 문화 취미 특기 생활 이야기

11) 자기관리에 관한 이야기

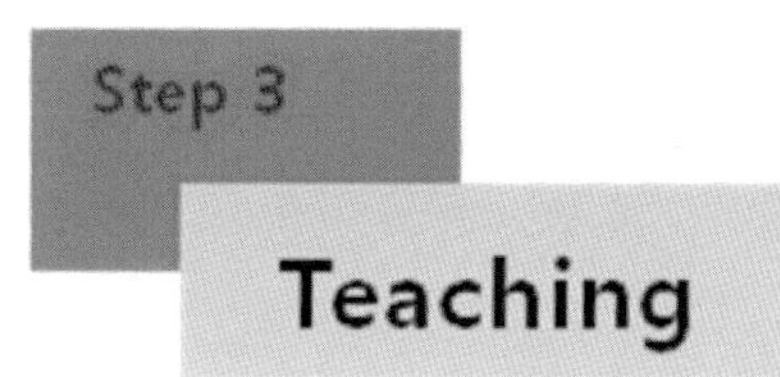

－멘토가 답변해요

미팅의 세 번째 단계는 두 번째 단계에서 멘토가 경청한 후 답변해 주고 상담
해 주고 그리고 그동안 준비한 업무, 기술, 지적, 주요정보 등을 챙겨서 전한다.

* 멘제의 마음은 멘토의 가슴으로 통한다.
· 멘토는 이렇게 말하지 않는다. "나의 핵심기술은 줄 수 없어", "멘제여 당신
  도 나만큼 고생해야 얻을 수 있는 것이야."
· 멘제의 인재개발은 멘토의 핵심 기술이나 가장 귀한 자료를 나눔 여부에 달
  려 있다.

1. [Hint－멘토의 경청과 포용력]
1) 가벼운 마음으로 이야기할 수 있게 한다.
2) 상대방이 하는 말을 잘 듣는다.
3) 멘제가 문제를 해결할 수 있도록 돕지만, 필요 이상으로 멘제의 행동을 억제

하지 않는다.

4) 문제에 관하여 의논하고 있을 때 공감을 표시한다.

5) 멘제가 감정적이 되어 이성을 잃더라도 그것을 대범하게 보는 관대함을 갖는다.

6) 자신감을 잃지 않는다.

7) 멘제가 도움을 필요로 하고 있음을 곧 알아차린다.

8) 멘제가 성공하는 것을 바라고 있다.

9) 멘제의 자존심과 자신감을 키우려고 노력한다.

10) 멘제가 하고 싶은 말을 열심히 들어 준다. 자신이 듣고 싶어 하는 것에만 귀를 기울이지 않는다.

11) 멘제의 인격을 존중한다.

12) 차분히 시간을 들여 이야기한다.

13) 멘제의 사고방식을 받아들일 수 있어야 한다.

14) 멘제를 위하여 온 정성을 기울인다.

15) 다시 한 번 시도할 기회를 부여한다.

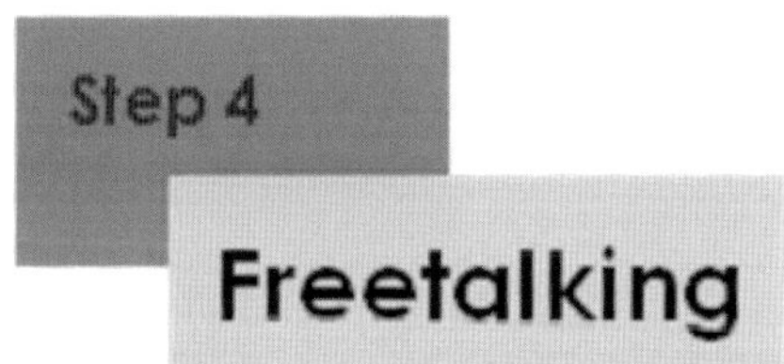

－서로 간 토론해요

미팅의 네 번째 단계는 두 번째와 세 번째 난세에서 멘도/멘제기 상호 간 의사소통과 열린 마음 상태로 준비되었으므로 이제 자생력 개발 및 인간성장을 위한 14가지 미팅소재 개발을 주제로 목표 달성을 위한 토론을 갖는다.

* 멘토는 조언자이고 멘제는 결정권자다.
·멘토는 이렇게 말하지 않는다. "시간이 없어 내가 결론지을게", "다음에는 좀 더 잘 준비해서 요점만 말하라고."
·멘토링의 목적은 멘제를 멘토와 같은 인격적인 리더로 재생산하는 것이다. 멘토보다 더 훌륭하게 키우는 것이 선(善)순환의 인재개발이다.

1. [Hint－미팅소재 14]
아래 미팅 소재를 가지고 지난 주간 실천사항을 점검하고 앞으로 활동 목표를 정하고 Brain Game으로 실천카드를 작성한다.

주제 1－멘토/멘제의 리더로서의 적합성(Compatibility) 점수는?
1) 자질테스트
2) 역할테스트
3) 자생력테스트
주제 2－멘토/멘제의 인간성(인격, Humanity) 점수는?
4) 마음테스트
5) 지식테스트
6) 건강테스트
7) 의지테스트
8) 관계테스트
주제 3－멘토/멘제가 생산성(Productivity)에 기여하는 점수는?
9) 경영이해테스트
10) 업무숙달테스트
11) SWOT테스트
주제 4－멘토/멘제의 장래성(Futurity) 설계 점수는?
12) 가정영역테스트
13) 직업영영테스트
14) 경제영역테스트

Step 5

Coaching

-함께 친목해요

미팅의 네 번째 단계까지는 주로 실내에서 이뤄졌지만 멘토링에서 코칭은 일반적인 업무코칭과 달리 주로 야외에서 상호 간 친목교제를 말한다. 구체적으로 식사, 영화, 오락, 취미, 운동, 등산, 가정방문 등 정서적 분야를 개발하는 시간이다. 1시간 또는 경우에 따라 온종일도 걸릴 수 있다.

* 멘토와 멘제는 정신적 부문에서는 부부와 같이 일체다.
  · 멘토는 이렇게 말하지 않는다. "회사 출장 때문에 여기서 끝내자고", "활동비를 줄 테니 혼자 식사하고 돌아가게."
  · 아름다운 동행! 멘토링은 결코 업무처리 식으로는 성과를 낼 수 없다. 잭 웰치 회장처럼 멘제를 위해 칭찬, 가치인정, 사랑, 키스, 포옹으로 정서적 면에 우선해야 한다.

1. [Hint-친목활동 소재]
1) 개인활동-멘토/멘제 정기 미팅 시 개인활동 소재
   스포츠활동-테니스, 골프, 농구, 탁구, 마라톤, 조깅 등
   친목활동-게임, 특식 먹기, 경기장 참가
   학습활동-신공연구 및 세미나자격증취득 교양 및 전문독서
   가정방문-경조사, 위문, 축하, 병문안
   봉사활동-불우이웃돕기, 양로원, 고아원
   문화활동-콘서트, 영화, 음악/미술 감상, 서점 가기
   취미활동-꽃꽂이 만들기, 새 기르기, 음식 만들기

2) 그룹활동－멘토/멘제 계간 전체 모임 그룹활동 소재

　　야유회 활동

　　등산활동

　　체육활동

　　봉사활동

　　장애인 돕기

　　농촌 돕기

　　해병대 병영체험

－다음 준비하기

여섯째 단계는 오늘의 미팅을 마무리하면서 챙겨야 할 사항을 점검하는 단계다. 왜냐하면 다음의 미팅시간을 알차게 진행하려면 앞으로 한 주간 준비를 잘해야 하기 때문이다. 먼저 4단계 토론단계에서 다음 주 활동 목표 계획서와 5단계에서 야외 친목 활동에서 의논된 것을 챙기면 된다.

＊ 멘토링은 투자(In Put)에 의해 성과(Out Put) 있는 활동으로 이어져야 계속성을 유지할 수 있다.

・멘토는 이렇게 말하지 않는다. "요즈음 회사일 때문에 마음이 복잡하니 멘토링은 대충 하자고", "체크하는 사람도 없으니 모이는 시늉만 하자고"

・조직에서 멘토링은 체계적인 프로그램이 요구되는 제도적 멘토링으로 활동해야 한다. 준비과정에서 계획과 프로그램을 제대로 설계한 후에 그 다음 도입과정, 활동과정, 평가과정으로 진행하면서 적정한 프로그램을 소화해야 성공률을 높일 수 있는 것이다.

1. [Hint - 멘토링 활동 계획양식]

1) 활동양식 - 멘토/멘제 정기 미팅 시 개인활동 계획서

(1) 다음 미팅활동 목표 달성을 위한 실천카드 작성 Sheet - Brain Game

(2) 수시로 야외 친목활동에 관한 분야 일정 장소 예산 등 계획서

2) 행정양식 - 멘토링 활동에 필요한 행정양식

(1) 멘토 월간 보고서 작성 Sheet

(2) 미팅활동 여부 소감 설문도구 양식

(3) 활동비 정산 작성 Sheet

- 다시 만나요

오늘의 미팅시간을 해피엔딩(Happy Ending)으로 장식하는 단계다. 미팅시간은 물론 조직에서 할애한 시간이지만 멘토의 주관으로 하되 상호 간 자율을 원칙으로 진행된다.

자율에는 책임이 따르듯이 이미 공인으로서 개인 인격개발 목표와 조직에서 주어진 생산성과 개발목표도 달성하고, 더 중요한 것은 멘토링을 통하여 멘토/멘제 상호 간의 유익이 전제가 되어야 오래 지속할 수 있다.

* 멘토링은 부담이라기보다는 조직으로부터 인재개발 자율권을 인정받고 활동하는 멘토 경영의 한 축이다 .

· 멘토는 이렇게 말하지 않는다. "회사에서 맡겼으니 내 체면을 봐서라도 잘

해 보자고”, “길지 않은 기간이니까 큰일내지 말고 조용히 지내자고.”

· 인지상정(人之常情)이라는 말이 있다. 사람은 같이 지내다 보면 더욱 가까워
지고 정도 들게 된다는 말이다. 처음은 서로 어색하지만 3개월을 알차게 보
내면 정이 들게 되어 더욱 관계가 촉진된다.

1. [Hint—See You Again]

1) 악수하고

2) Hugging하고

3) See You Again!

부록 1.
[Meeting Day Note]

　　아래 내용은 실제로 봉쥬르 식당에서 식사하면서 활동 내용을 기록한 사례다.
참고해서 미팅할 때마다 보고용으로 기록을 남기도록 하자.

· 미팅일시: 2010. 3. 27. 17:00~18:00
· 미팅장소: 봉쥬르 식당

1. Welcoming(환영하기)

멘토: 지난주 가장 좋았던 일은?

멘제: 상무님으로부터 프레젠테이션 시 칭찬받은 일입니다.

2. Counseling(멘제의 질문하기 – 멘제의 시간)

멘제 실문: 우리 회사 경영이 가장 좋았던 때와 그때 '어떤 일' 때문입니까?

멘제 상담: 과다제중인네 5Kg 징도 줄이고자 합니다.

3. Teaching(멘토 답변하기 – 멘토의 시간)

멘토 답변: 1973년부터 중동 건설에 참가했을 때입니다.

멘토 상담: 나도 지난번 체중을 줄였는데 30% 소식하고 30% 운동(헬스)을 늘려
　　　　　서 6개월 걸렸어요.

상호 간: 토론과 피드백

4. Freetalking(미팅소재 개발 토론하기)

멘제: 영어회화를 위해 다음 달부터 학원에 등록하려는데요?

멘토: 요즈음 원어민과 1:1 전화 학습방법이 효과적이라고 하는데 생각해 보세요.

상호 간 토론과 피드백

5. Coaching(친목교제 나누기)

멘토: 다음 미팅 때는 아예 공휴일인 5월 12일에 도봉산 등산 어때요?

멘제: 좋습니다. 가족과 같이 동행하면 좋을 것 같은데요.

상호 간 토론 후 결론 도출

6. Planning(다음 미팅준비하기)

멘토: 다음 미팅 때 월간 보고서 함께 작성해요.

멘제: 다음 미팅 시 좋은 음식점 제가 찾아볼게요.

7. Ending(종료하기) – See You Again!

부록 2.
[Meeting Day Scenario Sheet]

멘토링 미팅 시 실제로 상황을 아래 양식에 요약해서 기록해 보자.

· 미팅일시:

· 미팅장소:

· 미팅참석: 멘토(   ), 멘제(   )

1. Welcoming(환영하기)

2. Counseling(멘제의 질문하기 - 멘제의 시간)

3. Teaching(멘토 답변하기 - 멘토의 시간)

4. Freetalking(미팅소재 개발 토론하기)

5. Coaching(친목교제 나누기)

6. Planning(다음 미팅 준비하기)

7. Ending(종료하기)-See You Again

인간관계 활성화 대안

멘토링
활동 촉진기술

초판인쇄 | 2011년 5월 9일
초판발행 | 2011년 5월 9일

지 은 이 | 류재석
펴 낸 이 | 채종준
펴 낸 곳 | 한국학술정보㈜
주   소 | 경기도 파주시 교하읍 문발리 파주출판문화정보산업단지 513-5
전   화 | 031) 908-3181(대표)
팩   스 | 031) 908-3189
홈페이지 | http://ebook.kstudy.com
E-mail | 출판사업부 publish@kstudy.com
등   록 | 제일산-115호(2000. 6. 19)

ISBN   978-89-268-2152-7 04320 (Paper Book)
        978-89-268-2153-4 08320 (e-Book)
        978-89-268-2148-0 04320 (Paper Book Set)
        978-89-268-2149-7 08320 (e-Book Set)

이담 Books 는 한국학술정보㈜의 지식실용서 브랜드입니다.